AF427592

RAFAEL MURILLO-SELVA RENDÓN

TEATRO DE LO COLECTIVO Y DE LA ORALIDAD

ERANDIQUE
COLECCIÓN

TEATRO DE LO COLECTIVO Y DE LA ORALIDAD
RAFAEL MURILLO-SELVA RENDÓN

©Colección Erandique
Supervisión Editorial: Óscar Flores López
Diseño de portada: Andrea Rodríguez
Administración: Tesla Rodas—Jessica Cordero
Director Ejecutivo: José Azcona Bocock
Primera Edición
Tegucigalpa, Honduras—Febrero de 2026

CONTENIDO

GRACIAS, QUERIDO MAESTRO

En la colonia Kennedy de Tegucigalpa, en un apartamento que es más bien un pequeño museo, entre libros, pinturas y muchos proyectos, vive Rafael Murillo Selva-Rendón[1], el dramaturgo más importante en la historia de Honduras.

Lo visito una vez a la semana para ver los avances del proyecto de publicar sus obras teatrales. El clima de San Juancito, su amado pueblo con pasado minero, lo obligó a marcharse a la ciudad. Su conocimiento es como una avalancha que lo arrastra a uno y lo lleva a Francia, a Colombia, a Sri Lanka, a las comunidades garífunas ubicadas en Colón.

La mayoría de las veces me limito a preguntar y a escuchar, pues no me siento capaz de mantener una conversación intelectual con él.

Y es mejor así.

Gracias a esa decisión, he recibido un curso gratuito de teatro, de obras de arte, de historia, de arqueología, de literatura, de política. Todo, sin un asomo de vanidad o de grandeza.

Las horas pasan volando frente a la amplia ventana de la sala. A unos pasos trabaja Allan, el asistente que nos ayuda a darle forma a los artículos de viajes del Maestro. Es de San Juancito y, por lo tanto, de confianza.

Cuando llego a su apartamento, se da siempre esta pequeña conversación:

—¿Cómo está, querido Maestro?

—Aquí, en vías de descomposición.

A sus noventa y un años (nació el 19 de agosto de 1933, así que está próximo a cumplir los noventa y dos), el Doctor Murillo Selva-Rendón (Doctorado en Historia Económica en La Sorbona de París y Doctorado en Derecho y Ciencias Políticas en la Universidad Nacional de Bogotá), tiene prisa por concluir el proyecto con Colección Erandique.

---

[1] "El apellido de mi madre era Rendón, pero mi padre, al momento de inscribirme, solo lo hizo con los suyos: Murillo Selva. Yo, por respeto a la memoria de mi madre, siempre incluyo su apellido": Rafael Murillo-Selva Rendón.

—Pero yo lo veo de buena salud, Maestro.

—Sí, pero a este viejito en cualquier momento le puede dar algo. Entre el trabajo y los recuerdos, en las conversaciones aparecen, solo por mencionar algunos, el recordado pintor Aníbal Cruz, la poeta Clementina Suárez, los legendarios jugadores del Motagua Joyo Chele Barahona, Lurio Martínez y Zacarías Arzú, los viejos amores, los hijos, los sueños.

Y, por supuesto, *Loubavagu*, la obra teatral que el Maestro Murillo Selva montó, a pesar de la advertencia de amigos, académicos y conocedores en la materia, con garífunas. Allá lejos, muy lejos, olvidada por los gobiernos, sin energía eléctrica y sin agua, estaba la comunidad garífuna de Guadalupe. Con una maleta y el morral en el que guardaba *Loubavagu o el otro lado lejano*, se marchó en 1979 sin imaginar que iba a vivir la mejor experiencia de su vida.

Eso, a pesar de la malaria, del calor, de la complejidad de darle forma a una obra teatral con personas que no eran actores, sino pescadores, cocineras, amas de casa... (*Loubavagu* también será publicada en garífuna, español, inglés e italiano por Colección Erandique).

Pero dejaremos esa historia para después...

Continuemos con estas siete obras inéditas que ven forma por primera vez en forma de libro.

"Las encontré perdidas en medio de esa selva de papeles que tengo... Llevaba más de veinte años de no saber de ellas. Seis de las obras fueron puestas en escena; *La familia Osa y su aventura turística en Honduras* es un teatro para títeres que nunca ha sido puesta en escena", dice Murillo Selva-Rendón.

Los actores y actricez fueron jubilados, niños, mujeres, hombres...

Al igual que en *Loubavagu*, las obras me reafirmaron que el pueblo es depositario de una inmensa creatividad y que solo hay que abrirle la puerta para que surja. Es algo impresionante —señala el Maestro. Eso es uno de sus grandes méritos. A pesar de su academicismo, de la posibilidad de quedarse a vivir en París, Murillo Selva-Rendón decidió implementar lo aprendido en su país, con gente sencilla no solo de las comunidades garífunas, sino, además, con vecinos de barrios, de pueblos...

En otro país, Murillo Selva-Rendón hubiera sido honrado con estatuas, con una pensión vitalicia, con una cátedra universitaria, con una asesoría de alto nivel gubernamental…

No es que él lo haya pedido; era lo justo. No es tarde… Murillo Selva-Rendón no oculta su rechazo a la burocracia, a la politiquería, a las vanidades, a la superficialidad.

Por otra parte, no oculta sus ideas revolucionarias (en el buen sentido de la palabra), y su esperanza de que el pueblo, algún día, tenga acceso a mejores sistemas de salud, educación, de vivienda, de justicia, de trabajo…

En nuestra hermosa tarea de contribuir al rescate de la memoria histórica, preservación y divulgación de obras hondureñas, y promoción de grandes hombres y mujeres que contribuyeron —o contribuyen— al engrandecimiento del país con sus obras, ética e integridad. Como el Maestro Rafael Murillo Selva-Rendón. En ese sentido, personalmente esta experiencia ha sido enriquecedora a nivel profesional y personal.

De allí que le agradezco por abrirme las puertas de su casa, de su trayectoria y, en muchas ocasiones, de su corazón.

He aprendido del dramaturgo… y he descubierto a la leyenda.

ÓSCAR FLORES LÓPEZ
Editor Colección Erandique

INTRODUCCIÓN

Los guiones que se presentan en este texto son el resultado de montajes realizados, en creación colectiva, por elencos bastante diferenciados y singulares.

En el primero se trata de un trabajo armado con personas que suelen llamar "con discapacidades especiales", afectadas por el síndrome de Down, quienes por ese entonces habitaban en el sector sur de la ciudad de Bogotá, Colombia. El segundo se agrupó con señoras jubiladas cercanas, varias de ellas, a la "cuarta edad" y residentes en diferentes barrios de la ciudad de Tegucigalpa.

El tercero lo fue con niñas y niños (desde los cinco a los once años) quienes residían en una comunidad rural (San Juancito) ubicada a 38 km al noreste de la capital de Honduras.

Producto de estas experiencias tan disímiles, en apariencia, han surgido reflexiones y resultados que, el conocerlos, podría ser de interés para el eventual lector. Se trata de lo siguiente:

I: LA ESCENA COMO "MÉDIUM"

Al final de la representación de **Pepito, Ramona y Misifú: Una historia de amor**, la reacción del público bogotano fue tan inusual como la obra misma. No se esperaba ese tinte purificador en un público generalmente crítico y conocedor, al cual no es frecuente arrancarle emotividades desbordadas en público. Pero así fue: al tiempo que se levantaba y aplaudía, derramaba lágrimas a moco tendido, sin contención, sin rubor.

Al subir al escenario, al momento de felicitar, ciertos de ellos y ellas señalaban, incluso, que lo que habían presenciado parecía un milagro. En efecto, todo permitía indicar que lo que se produjo esa noche en la sala Sequi-Sano de la Corporación Colombiana de Teatro contenía acentos de misterio.

Difícil creer (yo mismo lo dudaba) que esos rápidos cambios de situaciones, de entradas y salidas al momento, de cambios de vestuarios casi corriendo, de cantos y bailes diferentes ligados a diálogos fluidos y continuos, pudiesen ser asumidos, actuados con la articulación adecuada, por personas de las cuales —eso se dice—

carecen de la capacidad de concentrarse siquiera por un segundo. Sin embargo, la historia fue narrada durante hora y minutos, desde sus inicios, desarrollo y final, con una coherencia tal que abonaba, ciertamente, a creer que lo que se había presenciado esa noche sobre la escena era inexplicable para una razón "normal".

¿Qué habrá sido, me pregunto ahora, lo que impulsó a esos seres "especiales" a que sus lianas anímicas creativas emergieran desde las sombras del "alma" hasta la luz?

Podría soltar, para el caso, explicaciones técnicas: que de lo colectivo, que de la carga psicoanalítica que podrían tener las herramientas teatrales, que de lo fraternal y amoroso, que lo del método adecuado, lo de la persistencia y convicción, etcétera. Todo ello necesario, cierto, pero no suficiente para entender, en este caso, lo sucedido. Y es que también el "performance" escénico en sí mismo —y en ocasiones puede arribar a esa cima—a, la que tanto soñó Antonin Artaud poder alcanzar: la escena catárquica y ceremonial. Esa que hace soltar desde adentro, desde lo profundo, energías, "razones" y emociones que hasta ahora permanecen en el limbo de lo inexplicable.

Por mi parte y para no caer del todo en el "misterio" pienso que lo que se produjo esa noche fue una especie de catarsis y entendiendo que el humano y el cosmos somos esencialmente energía, esta se mantuvo activada durante toda la representación. Una buena vibra cundió tanto a lo que sucedía sobre la escena como en la sala en la que estaba el público.

Sucedió así:

En los laterales del escenario cubiertos por cortinas, se instalaron durante la función personas vinculadas por lazos familiares y aun por vecindad.

De tal manera que, a las entradas y salidas, entre las diversas secuencias, un puñado de gentes derramaban una energía positiva sobre el cuerpo y la mente de las y los actores que estaban sobre el escenario.

Les cambiaban el signo de la utilería, los ropajes, les hacían repetir los textos y cuando los olvidaban, les repetían.

—¿Qué va a decir ahora mijito o mijita? —preguntaba el parentesco, y los hacían repetir.

Igual ocurrió con el público, del cual se desprendía de una manera amorosa y electrizante, una buena vibra dirigida hacia la escena, pujando para que todo saliera bien.

Esa fue una noche, probablemente irrepetible, en la que la escena y la sala entraron a una ligación amorosa cuya energía se convirtió en invencible.

La historia fue narrada durante hora y minutos, desde sus inicios, desarrollo y final con una coherencia tal que abonaba, ciertamente, a creer que lo que se había presenciado esa noche sobre la escena era inexplicable para una razón "normal".

II: EL ASOMBRO

Lo inverosímil se encuentra en lo cotidiano, señalaba Bertolt Brecht.

En el caso de **No es el final del viaje**, me referiré a otra clase de "sorpresas". Fue así:

Con Felipe Acosta, codirector de la puesta, se nos ocurrió filmar, entrevistar, a algunas de las señoras que integraban el elenco. En cortas tomas contaban algunos trechos de sus vidas.

Momentos antes del estreno de la obra teatral en el Teatro Reforma de la ciudad de Tegucigalpa, se colocóron a cinco o seis de ellas sentadas, hieráticas y en silencio, al borde de la escena, frente al público. Atrás, el resto de las actrices, paradas, también estáticas. Al fondo, en lo alto, una pantalla en la que la que se proyectaron las entrvistas filmadasf. Filmaciones que hablaban sobre verdades humanas concretas.

A ciertas de ellas en algo les había sonreído la vida, pero para la mayoría esta había sido, sobre todo, una lucha tenaz, dura y hasta "trágica" por la sobrevivencia. A esta, quien había trabajado como trabajadora doméstica, se le había violado una y otra vez por sus empleadores.

La de por allá, abandonada desde la niñez, migrante rural, íngrima, anduvo andando durante algunos años del "tingo al tango", hasta llegar a obtener la misérrima jubilación que le otorgaban. A la de por acá le había tocado lavar "ropa ajena" en las aguas podridas de nuestros ríos, para luego colarse como aseadora de edificios públicos. Todas ellas, además, con vástagos todavía bajo sus "dominios".

Se encontraba también la que no quiso ser filmada y cuyos dos hijos (uno recientemente) habían sido asesinados. Afectada por depresión, se mantuvo durante los ensayos en pertinaz silencio, arropada por una sombra triste y lejana, la que gradualmente fue desdibujándose hasta que, al final, se atrevió a subir al escenario.

—¡Impactante! —me dijeron la pintora Chiqui Durón y amigos y amigas que asistieron al estreno.

Se preguntaban cómo pudo haberse logrado que estas señoras —que habían escuchado y visto de frente, con ese fardo de desgracia encima, y ya casi al final de sus días— pudieran pasar, al instante, de sus "confesiones" (que les habían mantenido en silencio expectante) a actuar una obra en la que el humor, el desenfado, la gracia y, sobre todo, la alegría de vivir fueron sus significados más evidentes.

¿Cómo deslizarse, en un momentito, de un estado vivido y maltratado a otro de gracia y esperanza?

Es esto mismo, respondo, una de las esencias que deben integrar los códigos que se actúan sobre una escena. Algo así como lo que señalaba Brecht cuando se refería a las contradicciones de la "gente común".

Definitivo es atender este pálpito de la vida cotidiana y oponerlo a los opacados y casi invisibilizados códigos relacionales, manejados por la cultura globalizada que padecemos, en la que el "asombro tecnológico" anónimo y masivo pretende desplazar a aquel que se suelta de una vida envuelta por la pura carne, por el puro espíritu, por el puro hueso.

Es esta misma perspectiva la que permite entender que de lo "natural" se desprende el asombro: el asombro del diario vivir. Solo basta tener visión humanizada para verlo, y así poder arrancar desde allí el nudo del conflicto que se desarrollará sobre la escena.

Así entendido, podríamos mantener la esperanza, todavía, que nuestro quehacer escénico no se encuentra al final de su viaje.

III: EL PENETRANTE RAZONAMIENTO DE LOS NIÑOS Y LAS NIÑAS DE UNA COMUNIDAD RURAL

En una ocasión se celebró en la ciudad de Tegucigalpa un festival de teatro infantil. Nuestro grupo, La Cantera, fue invitado a participar. Las obras serían premiadas y, para ello se formó un jurado. Entre los miembros de este se encontraba un señor español cuya compostura hacía enormes esfuerzos por parecerse a Salvador Dalí: poblados bigotes con sus puntas dobladas hacia arriba, cabellera semi-almidonada, rostro semiovalado, cejas pobladas, mirar burlón y suficiente, aunque aparentemente complaciente. A su lado, un bastón y ademanes copiados al estilo del maestro surrealista.

Finalizada la presentación en la sala La Merced (que todavía existía) de Tegucigalpa, el señor en cuestión se me acercó y con palabras, ademanes y sonrisas de quien pretende conocerlo todo, me dijo:

—"Esa obra está muy ideologizada. Los niños y las niñas no piensan así. Usted la ha dirigido con intención política y no es conveniente que desde esa edad la niñez aprenda esas cosas".

El Salvador Dalí en cuestión continuó, más o menos, así:

—"La vida de los niños es sueño, imaginación desbordada, subconsciente de colores y armonías que poco tienen que ver con eso que se mostró en la obra".

Guardé silencio frente a los bigotes con puntas torcidas hacia arriba y hacia los ojos saltarines y burlescos; no respondí al comprender que me encontraba no ante un ser humano, sino frente a una caricatura.

A pesar de lo anterior, a la obra —quizás por la actuación de los niños y niñas que fue magistral— se le otorgó uno de los premios.

La Reina Malvada y Derecho a la Vida fueron creadas mediando procesos colectivos.

¿Creación colectiva con niños y niñas de esa edad, y cuyos temas abordan problemáticas de derechos humanos y de clases sociales en conflicto? Explíquese, podría demandar el eventual lector. Pues bien, trataré de hacerlo.

Cuando se arma una obra en la que quienes participan la asumen como algo suyo, las opiniones que se vierten van, a su vez, estimulando el pensamiento y la creatividad de quienes se involucran. Y estas opiniones, en el caso que nos ocupa, fueron surgiendo de la experiencia vivida y razonada.

Se cree con frecuencia que los infantes no suelen pensar sobre el origen de las contradicciones dentro de las cuales viven. Basta escuchar atentamente, sacarles de manera paciente —es decir, no profesoral ni vertical— lo que suelen pensar sin decirlo, quizás por miedo, para enterarse de que sus razonamientos van más allá o más acá de los cuentos infantiles que suelen invadir sus mentalidades en una cultura en la que generalmente se cree que lo que se debe es "hacerles soñar".

Y así, se les inunda de cuentos de hadas de colores vistosos, de reyes y reinas, de nobles caballeros y purísimas damas, del mal y del bien abstractos e idealizados, y de otras historias con las que se pretende hacerles dormir. Y efectivamente, así podría ser —aunque no totalmente— para quienes pertenecen a cierta clase social, en la que se tiende a encubrir la "mera" realidad con el fin de no afectar con ella el crecimiento "amable" y dulce de sus vástagos. Esto, por supuesto, no es del todo inestimable, pero en el caso de quienes su vida no es tan "soñadora", gradualmente se va entendiendo, al conversar, la profunda necesidad que les anima para hablar y entender sobre las razones de su condición social.

En esa condición se encuentran también engarzados el afecto, la ternura, la gracia y hasta el "sueño", pero también —y sobre todo— la crítica.

Las historias contadas en estas dos obras surgieron y se inspiraron en las observaciones y criterios de niños y niñas cuyas edades oscilaban entre los cinco y nueve años.

¿Cómo se puede plantear un conflicto de clases, satirizado, a través de la relación que se opera entre las gentes y los perros?

¿O entre el poder y sus súbditos?

Respondo así: la forma que se encontró para poder narrar se nutrió preferentemente de la misma que utilizan los infantes para contar. Así como de su propia armazón textual, su imaginario, su manera de abordar. En este caso, el acto se alimenta más —mucho más— **de la acción y no del verbo**. Es decir, una dramaturgia de la acción, **aquella misma a la que los primeros griegos llamaron drama**.

Tal como fue surgiendo de las improvisaciones, hemos decidido publicar este texto haciendo caso omiso de la "belleza literaria", pensando más en la oralidad y en el hecho escénico en sí mismo, que en los floripondios verbales que con frecuencia se le suelen adjuntar. Se pasó a la letra, en general, tal como se habla, con todas las incongruencias de las reglas gramaticales que esto pueda comportar, sobre todo las relacionadas con los pronombres, los cuales se suelen utilizar de manera indiscriminada.

De igual manera sucede con el guion de **No es el Final del Viaje**.

En el caso de **El Derecho a la Vida**, solamente hemos podido conservar su versión radiofónica, la cual se transmitió durante un buen período de tiempo en una importante cadena radial de Honduras. Es esta última la que se publica en este tomo.

RAFAEL MURILLO-SELVA RENDÓN
Tegucigalpa, febrero de 2026

PEPITO, RAMONA Y EL PERRO MISIFÚ: UNA HISTORIA DE AMOR

PEPITO, RAMONA Y MISIFÚ: UNA HISTORIA DE AMOR (2007)

GUIÓN EN DOS ACTOS Y CINCO ESCENAS

Los Orígenes

Sirviendo un cargo diplomático de la embajada de Honduras en la República de Colombia, en una ocasión me encontré conversando con la doctora en filosofía Lina María Moreno Mejía, esposa de quien fuera en ese entonces presidente de esa república, me refiero a Álvaro Uribe.

La plática derivó sobre asuntos de la cultura y específicamente, sobre lo que se suele llamar, en estos tiempos arte comunitario. La doctora se encontraba acompañada por el director de una asociación, la cual se ocupaba de trabajar con personas afectadas por el síndrome de Down y a quienes se les llamaba (por ser peyorativo, se decía) no discapacitados sino "personas especiales".

El director me preguntó si yo, en tanto que diplomático, podía colaborarles en el empeño de mantener activa una asociación o fundación que venía trabajando desde hacía un buen tiempo con "personas especiales". Respondí que como misión diplomática de un país tan limitado de recursos como el nuestro, encontraba difícil poder aportar recursos económicos, pero que yo, en mi carácter personal, podría ofrecer mi colaboración en caso de que fuese útil.

—¿Entiendo que usted es, además, teatrista? —preguntó la primera dama.

—Sí —contesté.

En ese instante hubo un cruce de miradas entre ambos.

—¿Y en ese campo no nos podría echar una mano?

Y como casi siempre, sin medir las consecuencias de lo que hago y digo cuando del lenguaje del corazón se trata y sin haber tenido la más mínima experiencia ni conocimiento sobre cómo había que hacer, acepté el reto de dirigir un "acto" artístico cuyos ejecutantes serían "niños" y "niñas" con padecimientos del síndrome mencionado.

El atrevimiento me obligó a casi un año de trabajo.

Por las mañanas cumplía con mi labor asalariada y por las tardes me quitaba el disfraz de la vestimenta diplomática e iba a encontrarme con mis nuevos amigos y amigas, para así cumplir con el compromiso asumido de manera absolutamente voluntaria, lo que equivale a decir no gratificado pecuniariamente, aunque vastamente rico en aprendizaje y experiencia.

PRIMER ACTO

(Una casa de habitación en la que viven Ramona, sus padres y un perro llamado Misifú, el cual es un miembro más de la familia e inclusive colabora en las labores domésticas. Siente, goza y padece al igual que los humanos; podría decirse que es el niño de la casa. Todo el elenco entra a escena bailando coreográficamente un ritmo tropical, a manera de "show" frente al público. El elenco introduce los elementos de utilería que se necesitarán para la primera escena: dos sillas, un televisor, una escoba, una mesa de planchar y otros objetos que normalmente se utilizan en una casa de habitación. La madre se mueve sin pausa: barre, limpia, sacude, etcétera. Ramona plancha y canta. El padre, sentado, lee la prensa. Las primeras acciones se desarrollan en silencio. La madre se desplaza hacia Ramona, quien canta la primera estrofa de la canción "Nadie es eterno en el mundo". Se une a ella para cantar juntas las últimas estrofas de la canción.)

I ESCENA

Madre: ¿Ya está lista la camisa nueva de tu papi?

Ramona: **(Mostrando)** Vea qué lisita... sin una sola arruga.

Madre: ¡Qué maravilla! Mira, papi, la camisa que te hemos comprado **(se desplazan)**. Póntela **(se realiza la acción, Ramona y la madre sueltan frases de admiración).**

Padre: Es linda.

Madre: Voy por el saco y la corbata **(sale y entra rápidamente, lo visten. La madre busca un**

espejo, el padre, ufano, se mira por todos los
costados).**

Madre:	Qué bello que te ves, papito, cualquiera se derrite… Vestido así cuando vayas a cobrar la pensión, te atenderán como un gran señor.

Padre: Con vestido o sin vestido, mija, soy un señor.

Ramona: Eso es cierto, papi, pero, aunque el hábito no hace al monje debemos reconocer que si le da su ayudadita.

Madre: Tú mismo nos has dicho que en las oficinas los empleados los tratan a ustedes, los pensionados, como una chancleta.

Padre: Eso es así, el mes pasado como sólo me puse la chaqueta que uso a diario, me trataron como el peor de los infelices... como un trasto viejo, me tiraban para un lado y para el otro y me hacían entender que agradeciera, porque al atenderme me estaban haciendo un favor.

Ramona: Qué animales… quizás es que no se dan cuenta que es la misma plata de uno lo que permite que estén empleados.

Padre: A propósito, hoy es día de cobro y es mejor que salga para allá ahora mismo.

Madre: ¿Por qué no comes algo antes?

Padre: No, no, que va, tengo que ir ahora, las colas que se forman son eternas, picaré algo de comer por ahí **(se despiden, él sale).**

Madre: Apúrele, mija, que ya es la hora.

Ramona:	¿Cómo así, mamá?
Madre:	De "No me mates corazón"; aprovechemos que tu padre salió para verla tranquilamente.
Ramona:	Es cierto… **(Se desplazan con Misufú, este prende el televisor, aparecen frente a la pantalla dos periodistas. Se ofrecen como ejemplo las siguientes noticias, las cuales pueden modificarse según se desee).**
Periodista:	Con ustedes el noticiero del mediodía.
Periodista:	Tres mujeres colombianas alcanzan la cima de la montaña del Himalaya.
Periodista:	Crece la violencia contra el género femenino en el país.
Periodista:	La artista colombiana Shakira es una de las que más vende en el mundo.
Periodista:	Bogotá una de las ciudades más contaminadas del continente.
Periodista:	Colombia campeón del mundo en patinaje.
Periodista:	Ascienden a tres mil los ciudadanos colombianos secuestrados.
Periodista:	Celebran en todo el mundo los ochenta años de Gabriel García Márquez.
Periodista:	Se decomisó un cargamento de droga a narcotraficantes colombianos en Europa.
Periodista:	Universidad colombiana pone a funcionar un satélite.
Periodista:	Aumenta la inflación en el país.

| **Periodista:** | Hasta aquí las noticias. A continuación, el capítulo número tres mil de la telenovela con más "Rating", "No me mates corazón". |

(Música de transición, los periodistas se convierten en los protagonistas que interpretan la telenovela. En este capítulo se trata de la mujer implorando amor, de rodillas, frente a un hombre que se muestra frío e indiferente. El hombre sale, ella con el corazón desgarrado va tras él. La familia y Misifú, lloran a lágrima viva. En la representación no se ha dicho una sola palabra, la acción es mimada. Música de transición).

| **Actor/Actriz:** | ¿Logrará María ablandar el duro corazón de Efraín? No se pierda el capítulo tres mil uno de su telenovela: "No me mates corazón". **(Misifú lagrimeando apaga la tele).** |

| **Madre:** | Hay que tristeza, que hombre más malo, ese tal Efraín. |

| **Ramona:** | Si vio como la trato, qué tal eso, ah... y siendo su prometido, por eso ¡de cualquier hombre líbrame señor! **(Olfateando)** Mamá, mamá algo se está quemando en la cocina. |

| **Madre:** | Mija, el almuerzo... con estas telenovelas hasta comer se nos olvida. |

(Salen, Misifú queda solo en la escena. Aparece una perrita llamada Dolly, lanza señales para hacerse notar, Misifú va tras ella, entra la madre y lo detiene).

| **Madre:** | ¿Para dónde va? Nada de irse para la calle. |

| **Ramona:** | **(Entrando)** Déjelo mamá tiene derecho a tener novia. |

| **Madre:** | Es que esa perrita Dolly es tan coqueta y tan vulgar. |

Ramona: No, solo es juguetona, venga entremos, dejémoslos solos.

(Misifú corre a juntarse con Dolly. Mientras se dan muestras de ternura aparece otro perro, también enamorado de Dolly; se trenza una pelea, la familia sale alarmada e interviene, Dolly y el otro perro se alejan cada uno por su lado. Misifú ha salido mal librado. Ramona y la madre se conduelen y lo consienten).

Ramona: Hay que llevarlo al veterinario, cueste lo que cueste, me moriría si le llegara a pasar algo grave.

Madre: Dios mío.

Padre: **(Entrando y alarmado)** ¿Qué ha sucedido, ¿qué pasa?

Madre: Misifú se peleó con un perro de la calle.

Padre: Pero si les he ordenado que no lo dejen salir.

Madre: Yo no quería, pero Ramona insistió y se fue detrás de esa perra callejera, la tal Dolly.

Ramona: Bueno ya lo pasado pasó, ahora lo que hay que ver es cómo lo llevamos a un veterinario. Papá, vamos a necesitar plata.

Padre: Tratándose de Misifú no importan los sacrificios, a. **(Le da una parte del dinero).**

Ramona: Ahora mismo voy hacia la clínica. **(Sale).**

Madre: Papi, también debes darle plata a la niña para el mercado, que aproveche la salida. **(Ramona entra. El padre entrega otra parte de dinero.)**

Madre: Mira, hija, mientras atienden a Misifú pasa por el mercado, voy por la lista **(Sale).**

Padre: Mira hija, ten cuidado con Misifu, está en una edad peligrosa en la que el amor le está tocando a las puertas, tú también debes tener cuidado.

Ramona: ¡Qué va, papá! yo ya he decidido que de los hombres ¡líbrame señor! No quisiera terminar como la María.

Padre: ¿Cuál María?

Ramona: La de la telenovela.

Padre: La vida es como una telenovela hija. **(Entra la madre).**

Madre: Aquí está la lista de lo que hay que comprar.

Ramona: Bueno, ya regresamos. Vamos, Misifú, vamos, véngase conmigo. **(Salen. El padre hace gestos como de tener problemas estomacales).**

Madre: ¿Qué te pasa, qué tienes?

Padre: Me duele el estómago, creo que lo que comí en la calle… Ay, mija, no me aguanto. **(Sale de prisa hacia el baño).**

Madre: No a ese baño no porque está tapado. **(Cambia de dirección).**

Padre: **(Sacando la cabeza, desde tras escena)** Mija no hay papel.

Madre: **(Para ella misma)** Ay por Dios se me ha olvidado!

Padre: Apúrele, mija.

Madre: **(Para ella misma)** El periódico, el periódico, por Dios, donde está el periódico **(Lo encuentra)** perdona papi es que se me ha olvidado comprar el papel higiénico, ten para salir del paso.

Padre: Eso te pasa por andar viendo telenovelas, hasta de lo más necesario te olvidas. **(Toma el periódico y sale).**

Madre: **(Dirigiéndose al público)** Doña Refugio dígame por favor que es bueno para la diarrea, mi marido se me enfermó.

Vecina 1:   Dele un té caliente de limón, hierbabuena, perejil y un poco de culantro, ay perdón, quise decir cilantro.

Vecina 2:   No, no, no dele agua de apio con almidón para que le tranque.

Vecina 3:   Póngale una tuza.

Vecina 4:   Dele cebolla molida, una cucharada de miel y agua de arroz tostado.

Vecina 5:   Nada de eso, eso es muy complicado, hay que ser posmodernos, mire señora con un poco de Coca-Cola y una Alka-Seltzer rápidamente se le cierra el circuito.

Madre: Eso haré, es lo más práctico. **(Sale y entra nuevamente con la Coca-Cola y la Alka-Seltzer).**

Madre: Tómate esto, mijo y verás que se te pasa. Vamos mi amor, quizás necesitas descansar **(Salen)**.

(La clínica veterinaria, el doctor hace algunas anotaciones. Aparecen Ramona y Misifú).

Ramona: Buenas tardes doctor, examine a mi perro por favor, está muy mal herido y deseo que me lo cure lo más pronto que se pueda.

Veterinario: Habrá que examinarlo **(medio ve al perro)**. Déjelo aquí y regrese dentro de dos horas.

Ramona: ¿Y cuánto cuesta la consulta doctor?

Veterinario: Mas o menos unos cinco mil.

Ramona: Está bien doctor. **(Salen)**.

(La escena se transforma en un mercado, Ramona quien lleva un cesto simula visitar algunos puestos. Dialoga con los invisibles vendedores y hace comentarios sobre los altos precios de los productos, se desplaza, se descuelga un aguacero. Corre a protegerse en una esquina, pasa un automóvil y el agua de un charco cae sobre su cuerpo. Ramona insulta al conductor. Aparece Pepito, quien conduce una motocicleta, al pasar cerca de Ramona, la ve con enorme interés; sale y de inmediato vuelve a entrar caminando. Carga un paraguas desplegado, se acerca a Ramona).

Pepito: ¿Puedo acompañarla y protegerla de la lluvia?

Ramona: Tranquilo, no se moleste.

Pepito: Ninguna molestia. Le ofrezco desde ya mi amistad y mi protección.

Ramona: A usted no lo conozco.

Pepito: Me llamo Pepito Miraflores, no tenga usted ningún temor. Si quiere la acompaño para que no se moje ¿Cómo se llama y qué hace?

Ramona: Mi nombre es Ramona y estudio gastronomía.

Pepito: ¿Y eso qué es?

Ramona: Es como aprender a cocinar, pero con arte.

Pepito: Ah, yo también soy artista, ¿Y su apellido?
Ramona: Ramona Margarita Rosas.

Pepito: Es usted una completa flor.
Ramona: Gracias por lo de flor. OJO OO OJO

Pepito: ¿Entonces sí me permite acompañarla?

Ramona: Bueno, si no le molesta.

Pepito: De ninguna manera.

(Se desplazan hacia la clínica, hacen gestos como si fueran hablando. Aparece la clínica).

Ramona: ¿Cómo está mi perrito doctor?

Veterinario: Mire, señorita, ya está curado, pero lléveselo lo más pronto que pueda. Ha hecho un escándalo con las perras de la clínica, y todas se han vuelto como locas cuando lo vieron, cuando traté de calmar la situación, lo que hizo su perro fue orinarme.

Ramona: Que pena doctor, muchas gracias, tenga su pago.

Veterinario: No son cinco señoritas, son quince.

| **Ramona:** | ¿Cómo? ¡Quince mil por curarle una heridita! Usted me había dicho cinco y es lo único que le puedo dar. **(Se lo entrega)** |

Veterinario: Bueno, deme lo que sea, con tal que se lleve de aquí ese perro pulgoso y meón.

Ramona: ¡Qué le pasa! Misifú nunca ha tenido pulgas y si tiene pulgas fue porque se las pegaron acá.

Veterinario: Llévenselo, llévenselo, llévenselo, no quiero verlo más

Pepito: **(Interviniendo)** Oiga doctor, no le grite, respete.

Veterinario: Usted no se meta.

(Se produce un conato de pelea, en ese momento Misifú orina nuevamente al doctor. Este sale como a buscar algo para golpear. Ramona, Pepito y Misifu se van apresurados. El doctor aparece echando rayos, se desplazan hacia la casa de Ramona. El doctor sale).

Pepito: ¿Puedo volver a verla? Me gustaría invitarla a bailar.

Ramona: Puede ser. Anote mi celular y me llama. **(Pepito simula escribir y sale. Ramona entra a su casa.)**

Madre: ¿Curaron a Misifú?

Ramona: Parece que si Mamá, y ese veterinario es un bandido. Tuvimos una discusión. Por suerte me acompañaba un amigo que conocí casualmente y el me defendió.

Padre: ¿Quién es ese amigo?

Ramona:	Se llama Pepito Miraflores y parece que es un buen muchacho.
Madre:	Cuidado con los desconocidos mija.
Ramona:	Él se ve muy bien, es todo un caballero. Además **(como ensueñada)** es un artista, me trato como una flor. Lo traeré a la casa para que lo conozcan.
Padre:	Hummm… Eso de andar haciendo amistad en la calle no es prudente, además, nada debe perturbar tus estudios.
Ramona:	Pero si sólo me falta un mes para graduarme y además tranquilo papá, sólo es un amigo, además, espere que lo conozcan, él es muy especial. Vamos Misifú. **(Sale como ensueñada)**
Padre:	Ya veremos quién es ese tal Pepito Miraflores.

II ESCENA

(Ramona cocina y paralelamente lee unos textos relacionados con el arte culinario. Se desplaza entre los textos y la cocina. Es como si estuviera probando la teoría con la práctica. Al tanto que Misifú le lleva y le trae cosas, cuchillos, cucharas, zanahorias, cebollas, etcétera, suena el teléfono).

| **Ramona:** | Aló, hola Pepito ¿cómo estás? |
| **Pepito:** | Mi querida Ramona Margarita Rosas. Hoy es viernes y mis amigos han preparado una fiesta por mi cumpleaños, ¿Te gustaría acompañarme? Como yo les he hablado mucho de ti. |

Ramona: ¿Y quiénes son?

Pepito: Son mis amigos y amigas artistas con quienes estamos preparando un cuadro para participar en un concurso de pintura. Son como mi familia, me gustaría que los conocieras.

Ramona: Ay, qué pena, pero...

Pepito: Tranquila, si no puedes, les diré que lo dejemos para otra oportunidad.

Ramona: No, no, no, no, espere. Es que tengo que hablar con mis padres. Déjeme hablarles, luego le marco ¿De acuerdo?

Pepito: Listo mi querida Ramona Margarita Rosas, esperaré hasta el fin del mundo por esa respuesta **(Ramona suspira. Cuelgan. Entran papá y mamá).**

Madre: Qué olores más deliciosos **(mirando las ollas)** Ese cuchuco con espinazo se ve sabroso y esa sobre barriga, hum... Dejarla así tan doradita es cosa de artista hija, te felicito.

Ramona: De artista, sí claro, pero también de paciencia. Llevo ya doce horas en la cocina.

Padre: ¿Y eso hija? **(señalando)**

Ramona: Ah, eso es una sorpresa, ya lo probarán.

Ramona: Bueno ya que están los dos, les cuento que Pepito Miraflores me invitó a su fiesta de cumpleaños, ¿puedo ir?

Padre: Pero, hija, y ese señor ¿quién es?

Ramona: ¿Se acuerdan del muchacho que conocí el otro día?, él me acompañó y me defendió del veterinario ladrón.

Padre: Sí, pero de todas maneras ten cuidado.

Ramona: Tranquilos, ¡Acuérdense que ya estoy para graduarme y que soy mayor de edad!

Madre: Pero para nosotros sigues siendo una niña, de verdad que estoy preocupada con la amistad que tienes con ese muchacho. Dile que venga para conocerlo.

Ramona: Listo, hoy mismo lo conocerán, estoy segura que les va a encantar. Además, yo nunca salgo, trabajo duro en la casa, y encima estudio. Me parece que merezco un poco de diversión.

Padre: Bueno, hija, tienes razón, tienes nuestro permiso, pero cuando venga ese muchacho a recogerte, lo haces pasar. **(Salen papá y mamá. Ramona marca su celular).**

Pepito: ¿Alo?

Ramona: Hola, Pepito, mis papás me dieron permiso. Nos vemos en mi casa a las ocho para que los conozcas.

Pepito: Listo, no hay problema, me vestiré muy apropiado para la ocasión.

Ramona: Gracias, te espero. **(Ramona y Misifu salen. La cocina se convierte en sala. Entran los padres. Aparece Pepito con un vestido "raro" de artista, y con rastas. Toca a la puerta. La madre le abre y se sorprende al verlo)**

Madre: Uy, señor que pena, ya no tenemos ropa para regalar **(cierra la puerta).**

Madre: **(Dirigiéndose al padre)** Uy mijo, un Señor todo raro, como pidiendo limosna, pero ¿a esta hora?

(La puerta suena de nuevo y la madre vuelve a abrir)

Madre: Señor, ya le dije que no hay nada.

Pepito: Disculpe señora, ¿está Ramona?

Madre: Y usted ¿quién es?

Pepito: Soy Pepito.

(La madre avergonzada le hace pasar. Pepito se presenta ante el padre, quien lo invita a sentarse).

Madre: ¿Desea un tinto, un chocolate, un agua aromática?

Pepito: Prefiero una cerveza, si tiene. **(Madre y padre se ven perplejamente. La madre sale).**

Padre: ¿Y usted en que trabaja joven?

Pepito: Soy pintor.

Padre: ¿De brocha gorda?

Pepito: No, no, no, que va, soy un artista. **(Entra la madre con la cerveza).**

Padre: Mija, dice el joven que es un artista.

Madre: ¿Artista?... **(Para si misma)** ¡Protege a mi hija Dios mío!

Pepito: **(Pepito que solo ha escuchado la palabra Dios)** Si señora yo creo en Dios profundamente.

Madre: **(Para ella misma)** Por lo menos eso.

(Aparece Ramona, radiante, con vestido de fiesta)

Ramona: Bueno papi, mami, ya nos vamos.

Padre: Bueno, que sea por esta vez, pero **(dirigiéndose a Pepito)** me trae a la niña por tarde, a las doce.

Pepito: ¿A las doce? Sí señor, como usted diga.

Ramona: Bueno, vámonos. **(Misifú intenta seguirlos, Ramona habla con el perro, le pide dulcemente que se devuelva. Salen)**

Padre: ¡Ay no, mija, yo creo que nuestra hija se está enamorando, y de un artista imagínate! **(Le vuelven los retorcijones estomacales)**

Madre: ¿Qué te pasa mi amor?

Padre: Otra vez el estómago.

Madre: Pero si estabas bien hace unos minutos.

Padre: Es que yo creo que al conocer de quién se está enamorando nuestra hija, se me ha vuelto a aflojar **(sale corriendo hacia el baño, seguido por su esposa).**

Vecina: Bien decía yo que esa Coca–Cola con Alka-Seltzer por muy posmoderno que sea, no le iba a curar.

(Estamos en un salón de baile. Preparan la fiesta, se introducen sillas y mesas, iluminación adecuada, entra una mesera. Se escucha música de ocasión. Arriban Ramona y Pepito. Les reciben con alegría, Pepito presenta a Ramona, todos bailan y se intercambian parejas. Seguidamente, se escucha la canción "Hay amores" de Shakira, la luz se desvanece. Gradualmente, amigos y amigas van saliendo, mientras acompañan con sus voces el bolero. Pepito y Ramona quedan solos bailando. La música se escucha al fondo).

SEGUNDO ACTO

III ESCENA

(Aparece un letrero en el cual se lee "Tiempo después. Mientras el bolero suena de fondo, Pepito y Ramona en silencio construyen diversas imágenes que deberán dar la impresión del paso del tiempo. Las imágenes quedan fijas como para fotografiarse: de gancho caminando en un parque; comiendo helado sentados en una banca; corriendo, pedaleando sobre bicicletas, peleando y reconciliándose; tomados de la mano; haciéndose caricias en las narices y en el rostro y finalmente abrazados. Ramona se desplaza hacia una banca de un parque, se sienta y coquetamente, llama a Pepito, quien se desplaza, se hinca, le toma la mano y la besa. Entra Misifú con una flor en el hocico)

Pepito: ¿Ramona mi amor, quieres casarte conmigo?

Ramona: ¡Sí! ¡Sí! Claro Pepito, cuando quieras. Ahora mismo si lo deseas. **(entran papá y mamá).**

Padre: Hola hija, te andábamos buscando.

Ramona: Qué bueno que nos encontraron porque les tenemos una buena noticia. ¿Adivinen?

Madre: ¿Qué te ganaste la beca para continuar tus estudios?

Ramona: Sí me la gané, pero no es eso.

Padre: ¿Qué te cambiaste de equipo y te volviste hincha de los morados, como tu padre?

Ramona: No, no eso nunca, yo seré siempre Roja.

Madre: ¡Ah ya se! Que Misifú está otra vez enamorado.

Ramona: No que va, si Misifú ésta más enamorado de Dolly que Pepito de mi persona. ¿No es cierto mi amor?

Pepito: No, eso nunca.

Madre: Bueno entonces en ¿qué consiste esa buena noticia?

Ramona: Que Pepito y yo nos vamos a casar y les pedimos su consentimiento.

Madre: Ja, ja, ja, ja, tan chistosa mi niña, ni que fuera el día de los inocentes o sí mijo ¿hoy ya es 28 de diciembre?

Ramona: No mamá, no es un chiste, queremos su bendición.

Padre: Pero mi niña si ese muchacho **(mirando a Pepito)** no tiene un empleo fijo.

Madre: ¡Imagínate, un artista! Preferiría que fuera pintor de brocha gorda.

Pepito: No señora, eso nunca… soy un artista y me ganaré un concurso pronto.

Ramona: No importa lo que él sea mamá, la realidad es que soy feliz con él.

Pepito: Eso mismo digo yo.

Padre: En estos tiempos no sólo de amor se vive hija.

Madre: ¿Tú crees que cuando los hijos vengan, solo con amor los vas a mantener? Amor no se echa a la olla, sino manteca y cebolla.

Ramona: Pues los hijos vendrán cuando podamos mantenerlos. De todas maneras me voy a casar porque lo amo, y porque yo estoy segura de que mi vida será feliz con él, eso es lo más importante. Además, ya me voy a graduar y si ambos trabajamos la plata tiene que llegar.

Madre: **(Gritando)** ¡Pero esta niña se volvió loca! A mí me va a dar algo. Mijo mis pastillas, mis pastillas **(simula desmayarse y Pepito la sostiene para que no caiga).**

Madre: **(A Pepito)** Que le pasa atrevido, a mí no me agarre.

Padre: Mija, cálmese, tenemos que respetar la decisión de la niña **(Abraza a la madre).**

Madre: **(Suspira)** Bueno es tu decisión, pues, ni modo, qué más podemos hacer.

Padre: ¿Y la plata para celebrar el matrimonio, ¿quién la va a poner?

Ramona:	Pepito y sus amigos participarán en un concurso nacional de pintura y están seguros que se van a ganar el premio. Son 5 millones de pesos y los amigos le han prometido que si ganan, todo el dinero será para la celebración de nuestro matrimonio.

Madre: ¿Y si no se lo ganan?

Ramona: Pues celebraremos con agua de panela.

Padre: **(Dirigiéndose a la esposa)** Bueno mija, creo que no hay nada que hacer. Al menos yo les doy mi bendición. **(Los bendice)**

Madre: **(Saliendo)** Pues yo no, hasta que ese pintor de brocha gorda encuentre un trabajo.

Pepito: De brocha gorda no. **(Salen todos)**

IV ESCENA

(La escena se transforma en un salón de artes plásticas. El público asistente se pasea y comentan lo expuesto. El ambiente refleja un espacio muy "culto", intelectual, pero "snob". Arriba un jurado quien anunciará que leerá el acta por la cual se ha concedido el primer premio).

Jurado: Se escoge la obra bajo el criterio unívoco de una búsqueda constante de esas evidencias plásticas inefables que demuestran rigurosidad técnica en una intención prístina de dialogar con un tipo de pintura determinado, agotando las posibilidades gráficas experimentales, académicas o subjetivas que se formulan en estructura y materia sin ir hasta la abstracción completa de la forma o la pintura pura, sino manifestando el propósito objetual de describir algunas figuras identificables relacionados con el lenguaje común.

Teniendo en cuenta todas las anteriores condiciones, este jurado ha otorgado el primer puesto del concurso al grupo de artistas liderado por Pepito Miraflores, quienes han realizado una pintura de carácter colectivo.

(El jurado llama al ganador, le entrega el cheque. Aplausos y algarabía, la gente se aproxima ponen sus manos sobre la cabeza de Pepito y gradual y tensamente Pepito desaparece, "un cenital ilumina", se disuelve la escena y en el lugar de Pepito, Ramona acompañada de Misifú aparecen. Ambos lloran).

V ESCENA

(Aparece la periodista en silueta).

Periodista: ¿Cómo María pudo al fin ablandar el corazón de Efraín? Véalo inmediatamente en el capítulo tres mil cien de "No me mates corazón" después de las noticias.

Atención, Noticia de Última hora, ultima hora, en el occidente de la ciudad de Bogotá un hombre fue atracado y herido. La victima responde al nombre de Pepito Miraflores quien es un artista plástico que recientemente ha ganado el Concurso Nacional de Pintura. En este momento se encuentra en el Hospital San Pedro Claver y su pronóstico es reservado. Más información en breve.

Ramona: **(Apagón. Una luz cenital ilumina a Ramona)** No, no es posible. ¡Dios mío!

(Se arrodilla y llora, Misifú se acerca, la consuela, Ramona reza, cantando, el "ángel de mi guarda")

(Ramona en estado depresivo. La atmósfera de la escena es onírica. Aparece un ángel, se sienta a su lado, canta con ella y la consuela. Lentamente van apareciendo otros ángeles, quienes tratan de levantarle el ánimo realizando varias acciones. Uno canta, uno lleva una flor, otro baila y otros llevan canastas con pétalos de flores. Ramona les mira complacida. Por un lateral entra Pepito de la mano de otro ángel, lleva puesta unas alas y un vestido de boda, se sitúan frente al público. En mitad de la escena, el resto de los ángeles viste a Ramona con un bellísimo y esplendoroso vestido de boda rodeada de los ángeles se desplaza hacia Pepito, Misifú carga la cola del vestido de novia, se juntan, abrazan y besan. Cierra telón o apagón)

FIN

Bogotá, Colombia, en marzo 2008. Se estrenó en el marco del Festival Internacional de Teatro Alternativo en la Sala Sequi-Sano de la Comunidad de Teatristas Colombianos. Barrió la Candelaria, Bogotá.

corporación
colombiana
de teatro

FESTIVAL DE TEATRO
ALTERNATIVO

CORPORACION COLOMBIANA DE TEATRO

BOGOTÁ, COLOMBIA MARZO 9 AL 25 DE 2008

ALCALDIA MAYOR
DE BOGOTÁ D.C
Secretaría de
Cultura, Recreación
y Deporte

TEATRO
Y PAIS

Libertad y Orden
Ministerio de Cultura
República de Colombia

Elenco y sus ayudantes

FICHA TÉCNICA

Texto y Dirección Escénica: Rafael Murillo-Selva Rendón
Producción Ejecutiva: Ana Milena Taborda
Diseño de iluminación, escenografía, vestuario y musicalización:
Lina Marcela Garzón
Asistente de Dirección Escénica: Felipe Rendón
Asistente General: Sergio Camargo

ELENCO:

Pepito: Luís Eduardo Galvis
Ramona: Martha Puentes
Madre: Sandra Rojas
Padre: Miguel Camacho
Misifú: Darío Becerra
Periodista / Dolly: Blanca Rodríguez
Veterinario/ Protagonista novela: Rafael Acevedo
Perro Bravo: Alejandro Camargo
Amiga: Beatriz Ramos
VECINA 1-2 Y 3 – PARIENTES Y AMIGOS DE QUIENES
INTEGRARON EL ELENCO.

NO ES EL FINAL DEL VIAJE

NO ES EL FINAL DEL VIAJE

Sin duda, que por los senderos del teatro iniciamos en enero del año 2001, con 3 o 4 jubiladas del INJUPEMP, ha sido una experiencia enriquecedora, tanto para quienes integramos el elenco artístico, como para el público que ha tenido la oportunidad de presenciar esta primera producción del Grupo Teatral "Siempre Viva".

El resultado fue consecuencia de compartir experiencias propias y ajenas, tanto en el trabajo de improvisación teatral, como de conversaciones o relatos sostenidos por las participantes directamente conmigo, en largas jornadas que a veces parecían improductivas para la creación de un texto dramático.

Poco a poco tantas historias fueron sintetizándose en una sola; historia que estamos conscientes, refleja una sola pequeña parte de las muchas inquietudes que albergan nuestros corazones, pero que es contada desde el fondo de nuestro ser, con la esperanza de que sirva al propósito de que jóvenes, adultos y adultos mayores, puedan ver reflejadas en ella un poco de su propia vida, y si es el caso, les ayude a reflexionar, y más aún, a ser cada día mejores, en sus papeles de nietas, hijas, padres, madres, abuelas… o amigas.

No es el final del viaje… en esa frase intentamos resumir nuestra esperanza, no solo por vivir más, sino por vivir mejor; porque las que ya llegaron, y quienes estamos por alcanzar la tercera edad, seamos tratados con la consideración y respeto que los años de trabajo y sacrificio nos hacen merecer; deseo que trasciende el derecho que concede la ley, y que más allá de ello, implica la comprensión y buena voluntad de las nuevas generaciones.

Felipe Acosta
Dramaturgo y actor

GUIÓN ESCÉNICO

(El escenario está en penumbra, dividido en dos mitades, una es el apartamento de Lucila en donde hay una máquina de coser y un par de sillas, la otra es el apartamento de Marta en donde habrá una estufa, una mesita de comedor, un par de sillas y una cama. En cada casa hay un televisor. Se escucha el tema musical. Entra Lucila con su uniforme de enfermera, se ilumina el lado del escenario que corresponde a su casa, trae su cartera y una bolsa con tela para costurar un vestido, se le nota muy cansada. Se toma la cabeza, suspira, se sirve un vaso con agua, toma un poco y lo coloca sobre la mesa de trabajo, saca una pastilla de su cartera y la bebe).

Lucila: ¡Que dolor! **(Se sienta a trabajar en una máquina de coser. Por el lado opuesto del escenario entra Marta con uniforme de enfermera, llega alegre silbando o cantando. Se quita los zapatos, los tira).**

Marta: ¡Que calor! **(Enciende la radio, se escucha música de actualidad. Canta, se da una ducha. Se coloca una toalla en la cabeza. Prepara algo de comer, cuando termina de cocinar suena su teléfono. La voz de la hija se escucha en off).**

Marta: Aló.

Hija: Hola mamá

Marta: Hola, ¿qué tal estás?

Hija: Aquí saludándote, fíjate que quiero pedirte un favor.

Marta: Ajá, ¿qué pasó?

Hija: Necesito que me prestés 400 lempiras

Marta: No mijita, no tengo.

Hija: Yo sé que tenés mamá... préstamelos, te los pago a fin de mes.

Marta: No mi amor, lo que tengo es para mis gastos. ¿Y por qué no se los pedís a tu marido?

Hija: No seas así.

Marta: ¡A la pucha! ¡Todavía querés más! ya te di todo lo que necesitabas. Te pagué casa, comida y educación. Te casaste y ahora es tu vida mamita.

Hija: Vaya mamá, es que lo necesito.

Marta: ¡No, no, no, ni te tires!

Hija: Vaya pues, entonces haceme otro favor.

Marta: Decime.

Hija: Cuídame a los cipotes el viernes, queremos salir con Carlos a una reunión.

Marta: ¡Eh! No hombre, fíjate que yo también voy a una fiesta con los compañeros de trabajo. Y la comadre se va a quedar a dormir aquí en la casa.

Hija: Vaya mami pucha, Carlos y yo nunca podemos salir juntos.

Marta: Y ¿quién la manda pues? Acaso ¿yo la casé a la fuerza? No mijita, sus hijos son suyos y es usted la que tiene que cuidarlos.

Hija: Pero son tus nietos.

Marta: Ya sé que son mis nietos, y los quiero mucho, pero los nietos son para disfrutarlos.

Hija: Pucha, quiere ganas con vos.

Marta: No mi vida. Perdone pero yo he trabajado duro toda la vida para darles a ustedes lo que tienen, ahora tengo derecho a disfrutar de mi tiempo.

Hija: Bueno, que disfrute la fiesta y se cuida mucho, oye.

Marta: Vos también cuídate, te quiero mucho. Los espero el domingo.

Hija: Si mamá, nos vemos.

(Marta cuelga e inmediatamente suena el teléfono en casa de Lucila que durante la conversación anterior ha estado trabajando sobre la máquina. Mientras Lucila habla por teléfono, Marta se pone a comer y luego a leer una revista. La voz de Mariana se escucha en Off).

Lucila: Aló

Mariana: ¡Aló, mamá!

Lucila: ¿Qué tal Mariana?

Mariana: Más o menos, ¿y usted cómo sigue?

Lucila: Igual, con este dolor de cabeza. Ayer me dio un mareo en la clínica, por suerte la doctora no se dio cuenta. Estoy terminando una costura que tengo que llevarle mañana a la comadre.

Mariana:	Ay mamá cuanto lo siento, créame que me da pena, pero no me queda otra que recurrir a usted, necesito que me haga un favor.
Lucila:	¡Y cuando no! ¿De qué se trata esta vez?
Mariana:	Necesito que me preste algo de dinero.
Lucila:	Ay, mija, no puedo, este mes estoy muy ajustada. Vos sabes lo miserable que es mi sueldo.
Mariana:	Es que no tengo ni para el transporte, con decirle que ni la leche de Rosita pudimos comprar ayer... hágalo por su nietecita mamá, por favor.
Lucila:	Ay Dios mío, ¿Qué más puedo hacer? Pasa mañana por la clínica, pues. Cuídame a los niños que eso es más importante.
Mariana:	Gracias. mamá. Que Dios la bendiga.
Lucila:	**(con un gesto)** ¡Que Dios la bendiga! Como no…
Mariana:	Ah mamá, quería pedirte otro favor.
Lucila:	Aja ¿qué más?
Mariana:	¿Me puede ver a los cipotes el viernes en la noche?
Lucila:	Quien sabe, tenemos una fiesta con la gente de la clínica, celebraremos el día de la madre. Me quedaré durmiendo en la casa de tu madrina.
Mariana:	Es que fíjese que hay una reunión de trabajo con mis jefes, y no puedo faltar.

Lucila: ¿Y por qué no los cuida Roberto?

Mariana: Ya sabe cómo son los hombres, Roberto se pone a ver televisión y todo le vale, después me vengo a encontrar con los desastres.

Lucila: ¡Si, pero a mí que me lleve el diablo!

Mariana: Vaya mami, ¡por favor!, si no me quedo en la reunión me pueden despedir.

Lucila: **(Suspira)** Bueno pues, tráelos, pero los venís a recoger temprano.

Mariana: Si mamá, no se preocupe, nos vemos mañana, gracias y que descanse.

Lucila: Buenas noches, mija...

Mariana: Buenas noches. **(Cuelgan).**

Lucila: ¡Ah! Los hijos, parece que nunca se terminan de criar. **(Toma el control remoto de su TV y lo enciende).**

Voz en TV: **(Con música de fondo).** Y ahora con ustedes lo más importante de las noticias nacionales.

Presentador de Noticias: Entre los sucesos acaecidos durante el día, 3 personas murieron y 6 resultaron heridas cuando un vehículo tipo pick up impactó contra una rastra que se conducía a exceso de velocidad por el carril contrario en la carretera que conduce hacia el norte del país. Mientras tanto en el valle de Sula fueron encontrados los cadáveres de dos jóvenes que se presume pertenecían a una de las más temidas maras de esa zona, se desconocen los motivos y los posibles autores de este crimen. Por otra parte, se conoció de manera extraoficial del secuestro de una joven de apenas 14 años. Según el testimonio de un testigo que ha solicitado el anonimato, la joven fue interceptada por un automóvil tipo turismo color rojo en el que se conducían al menos 4 personas, los que amenazándola con un revólver, la obligaron a entrar a el mismo huyendo con rumbo al sur de la ciudad... Un nuevo enfrentamiento armado entre presuntos miembros de una banda de asaltantes con la policía preventiva, causó alarma entre los vecinos de la colonia El Polvorín....

Lucila: (**Cambiando el canal**)¡Solo violencia, por Dios!...

Presentadora: Este es su canal en donde seguimos llevando la mejor música.

Juvenil: A toda la "chavizada", en este su programa "La Onda Caliente", y precisamente complaciendo a nuestro tele auditorio presentamos el más reciente video musical de "Las Chicas de Fuego", "Tumba la mama".

(Se representa en el TV una escena del video aludido, una música de rap con un grupo de chavas gesticulando. Lucila queda pasmada, con la boca abierta por un instante, apaga el TV).

Lucila: ¡Santo Dios! ¡Tantos canales y nada bueno que ver!

(Regresa a trabajar en la costura. Se queda dormida sobre la Máquina).

Marta: **(Levantándose. Intenta encender el TV, pero el aparato no funciona)** Ay que babosada, a qué horas se le ocurre arruinarse a este chunche, y tanto que gasté en mandarlo a arreglar. Y justo cuando la cosa está en lo mejor. **(Golpea el TV. un par de veces)** Hoy que de seguro don Armando se le tira a Betty. Ni modo **(pone música, hace ejercicios aeróbicos, hace ejercicio. Al cabo de un instante bosteza y poco a poco se duerme. Un cenital ilumina el televisor en donde aparece Don Armando).**

Marta: **(Dormida)** ¡Don Armando!

Don Armando: **(Sacando la cabeza del TV)** Beatriz... Betty... **(Sale del aparato y se arrodilla junto a la cama)** Betty... Betty...

Marta: **(Incorporándose, imitando al personaje de la telenovela)** Don Armando, ¿qué hace usted en mi casa?

Don Armando: Oh Betty, no podía dormir pensando en usted y en todo lo que me confesó esta tarde.

Marta: No don Armando, por favor no, usted no tiene la obligación de...

Don Armando: No Betty, eh estado ciego, pero por fin he descubierto que usted es la mujer que mi corazón siempre ha deseado.

Marta: Ay don Armando... mi papá puede bajar en cualquier momento.

Don Armando: Pero que importa su papá, me importa usted. No me importa que sus cabellos no sean dorados como el sol, ni que sus ojos no sean azules como el mar, tampoco me importa que tenga ese hierro en la boca... Yo la amo, la amo apasionadamente, con todo mi ser.

Marta: Don Armando, pero usted y la señorita Marcela no......

Don Armando: Olvídese de Marcela, ella ya no existe para mí, de ahora en adelante usted es la única mujer en mi vida. Por favor. Bety, sea usted mi amante.

Marta: **(Abrazándolo)** Don Armando, esto es lo que siempre había soñado.

(En el televisor aparece Marcela).

Marcela: Armando, ¿qué haces aquí?

Don Armando: **(Sorprendido y nervioso)** Marcela, eh, solo vine a recoger unos documentos que Betty tomó por error.

Marcela: ¡Cómo no! Ya voy a creerte. ¡Vámonos a casa!

Marta: Oh, entonces usted solo vino para engañarme **(Envuelta en llanto regresa a la cama).**

Don Armando: No, Betty, yo realmente... **(Caminando hacia el TV).** Soy un miserable **(Entra al T.V. viendo al público)** Soy un miserable.

Voz de Marcela: ¡Armando!

Don Armando: **(Desapareciendo)**Marcela, espera...

Marta: **(Dormida todavía)** ¡Don Armando!, ¡don Armando!

(Las luces bajan, Marta y Lucila duermen, de nuevo se ilumina. Se escucha el canto de los pájaros, despiertan).

Lucila: ¡Caramba! no terminé la blusa de la comadre, que barbaridad, voy a terminársela al mediodía.

Marta: Ya es tardísimo, pero que sueño tuve mi Dios. Bueno... solo fue un sueño, ahora es tiempo de ir al trabajo.

(Se escucha un gallo, perros, gatos y voces que denotan que ha comenzado un nuevo día).

Voces: Van los periódicos... ¿Va querer pan de casa...?

(Bocinas de carros...).

Voces: Van las tortillas. ¿Va a querer flores...?

(Lucila y Marta hacen un acelerado ritual de la mañana, toman un baño, comen alguna cosa por desayuno, se lavan los dientes, etcétera. y salen cada una por su lado).

(La escena se transforma en un centro de salud, en donde ambas trabajan. Un paciente medio bolo espera ser atendido).

Marta: Pues sí comadre ¿Qué le pasa? La veo como cansada.

Lucila: Si, un poco... con dolor de cabeza

Marta: Usted debería de retirarse, ve y no le dé un desmayo en la calle. Ya el doctor le dijo que esa papada es difícil de curar.

Lucila: Ahorita no puedo, con todo tan caro, y esa pensión es tan poquita que no ajusta ni para los frijoles. Mariana con ese su marido apenas la van pasando, no puedo pedirle que me ayude, y tengo que estarle mandando unos centavos a Luisa que apenas está en segundo año.

Marta: ¿Y de donde se le ocurrió a esa cipota irse a estudiar agronomía?

Lucila: Yo no sé, pero no puede obligarse a los hijos a estudiar lo que uno desearía. No nos queda más que apoyarlos.

Bolo: Señorita ¿A qué horas nos van a atender?

Marta: Ya, señor cálmese y siéntese, no tarda en venir la doctora.

Lucila: **(A Martha)** Mire aquí le traje la chaqueta para la fiesta, para que se la pruebe hoy, por la noche la terminaré del todo.

Marta: Gracias comadre. A ver ¿qué tal me queda? **(Se la prueba muy sensualmente).**

Marta: Esta bella, hoy sí se me hace comadre, ¿adiviné a quién me encontré ayer a la salida del hospital?

Lucila: ¿A quién comadre?

Marta: ¡Pues a Fernando!

Lucila: ¿Fernando? ¿Cuál Fernando?

Marta: Aquel que fue compañero de nosotras, él siempre nos andaba invitando a la cafetería.

Lucila: ¿El qué nos tiraba el cuento a las dos?

Marta: Ese mismo, me va a acompañar a la fiesta. Pero ahora es todo un caballero, imagínese, está bien formal.

Lucila: Ay, Marta, ¡el que nace para martillo del cielo le caen los clavos! No se confíe.

Marta: No se preocupe comadre, que usted me conoce. Yo puedo ser alegre y todo lo que quiera, pero fácil no soy.

Lucila: Eso es lo que me gusta de usted. Que no afloja.

Marta: Y usted póngase guapa, que a lo mejor se consigue al doctor Milla.

Lucila: No podré ir comadre no ve que tengo que cuidar a los nietos.

Marta: No joda comadre usted ya no está para esos trotes.

Lucila: Si es que Mariana ¡pobrecita!

Marta: Cómo que ¡pobrecita!, será muy mi ahijada, pero esa muchacha la está explotando, y ella no es menos bruta que usted, manteniendo a ese barzón de marido, parásito, holgazán... Avívese comadre, ¡avívese!

Bolo: **(Medio gritando)** Ay… Ay… Me duele, Me duele….

Marta: Tranquilo, tranquilo, ya viene la doctora.

Doctora: **(Entrando)** ¿Qué pasa? ¿Por qué ese escándalo?

Marta: Este paciente, mire... **(Le indica con un gesto que viene tomado y le entrega una boleta de admisión).**

Doctora: **(Al bolo)** Siéntese allí. ¿Y a usted que le pasó?

Bolo: Parece que me agarró un carro.

Doctora: ¿Parece? ¿Y apuntó la placa?

Bolo: No.

Doctora: **(Escribiendo)** ¿Y quién lo trajo?

Bolo: Me tuve que venir a pie porque ningún bus me quiso traer.

Doctora: ¿Y la policía no tomó nota del accidente?

Bolo: Vale más que no había policías, porque a mí es al que hubieran metido al mamo.

Doctora: A ver pues, ¿cómo se llama usted?

Bolo: Pedro, Pedro Patía.

Doctora: ¿Cuántos años tiene?

Bolo: Ah yo ni sé; nací en el 28.

Doctora: **(Anotando)** ¿Y adonde vive?

Bolo: Ahí cerca del Boulevard. Bueno, pero ¿me va a atender o no? Me duele…

Doctora:	Y cuando se le baje "la fuma" le va a doler más. Déjame ver, estire el brazo.
Bolo:	¡Ay, ay, ay!
Doctora:	¿y cómo fue que lo atropellaron?
Bolo:	Ay, es que yo ni sé... Solo oí que una doña me gritó: ¡cuidado viejo! y cuando menos acordé, estaba tirado en el suelo con un gran dolor. **(La doctora se le acerca, le examina el brazo, comprobando la lesión; le observa los ojos, le toma el pulso y siente su respiración con el estetoscopio).**
Doctora:	¿Y a qué se dedica?
Bolo:	Pues no hago mucho, a uno de viejo ya no le dan chamba. A veces consigo de podar palos, o recoger basura, hacer mandados... Esta sociedad es una suciedad.
Doctora:	Pero, como que bebé seguido ¿verdad?
Bolo:	Hoy es que me invitaron unos amigos a un par de traguitos. **(El doctor toma una paleta y revisa la boca).**
Doctora:	Bueno pues. Además de la fractura, sus pulmones están bastante congestionados, y por lo que puedo ver el alcoholismo ya le está causando problemas serios...
Bolo:	Yo el trago lo controlo bien.
Doctora:	¿Tiene familia?
Bolo:	Sí, tengo cuatro hijos, pero son bien disimulados conmigo. Todos se fueron

mojados para los Estados Unidos, a esta hora
ya deben estar secos

Doctora:

Le aconsejo que busque quien lo lleve al
Hospital... le pueden hacer todos los exámenes,
y le podrían ayudar. ¡Por ahora que le pongan
una inyección!

Doctora:

(Llamando a la enfermera) Seño...

Marta:

Sí doctora...

Doctora:

Suba a don Pedro a rayos X, que le saquen una
radiografía, pero antes, que Lucila le ponga una
inyección. Después de que lo enyesen, que le
den este medicamento para el pecho; eso sí
dirigiéndose al bolo, mientras lo esté tomando,
no puede beberse ni un traguito, ¿de acuerdo?

Bolo:

Ay, Doctora, si esa es la única entretención que
tiene uno, ya ni al estadio se puede ir, la entrada
es carísima y esos partidos tan malos.

Doctora:

Bueno, que le vaya bien. **(Sale)**

Bolo:

¡Gracias, doctora!

Marta:

(Llamando) Lucila, vení a ponerle una
inyección a este señor **(Sale. Entra Lucila con
la inyección, intenta ponérsela, pero en ese
momento siente unos mareos, casi se
desmaya).**

Bolo:

Ay, Dios. si esta seño está más socada que yo.
Enfermera… enfermera.

Marta:

(Entrando)¿Qué pasa?

Bolo: Esta señora no pudo ponerme la inyección, mejor me voy antes que me dé el patatús. (Sale de prisa)

Marta: ¿Qué te pasa Lucila?

Lucila: No, no es nada, Seguro que lo que comí me cayó mal.

Marta: No mamita, vos estás jodida

Lucila: **(Esforzándose)**Ya me siento mejor.

Marta: ¿Te das cuenta Lucila?, Hacé caso por el amor de Dios. Vení, vamos a que te examine la doctora. **(Llamando. La Doctora se acerca con una taza de café en sus manos)**

Doctora: ¿Qué pasó?

Marta: Que Lucila se puso mal.

Doctora: ¡Otra vez! ¿le puso la inyección al paciente? **(Le toma el pulso).**

Lucila: No pude doctora, pero ya estoy mejor... **(Sale Marta)**

Doctora: No Lucila, usted está cada vez peor. Solo en este año le han dado 9 incapacidades, su problema solo puede aliviarse temporalmente. El Dr. Sánchez me mostró los resultados de la última resonancia que se le hizo y tal como él se lo dijo, va a ser necesario darle una incapacidad permanente para que tramite su pensión.

Lucila: ¿Y cómo voy a hacer doctora? Si con el sueldo completo apenas me ajusta. Ya solo me faltan dos años para jubilarme, pero con lo que me den de pensión no voy a poder salir adelante, todavía tengo a una hija estudiando, tengo que ayudarle.

Doctora: En primer lugar, esta enfermedad no es su culpa, pero entienda que sería peor que usted siguiera trabajando, arriesgándose a tener un accidente. (Pausa). Yo la estimo mucho Lucila, pero ya no puedo seguir ayudándola con permisos. Tampoco puedo arriesgar mi trabajo, también tengo jefes que me van a llamar seriamente la atención... además, aunque esté pensionada, el Seguro Social le seguirá dando la consulta y las medicinas.

Lucila: Ay doctora, si usted bien sabe que en ese Seguro no hay nada, si uno no compra las medicinas en otro lado, no hay forma de curarse.

Doctora: Le prometo que le voy a ayudar lo más que pueda para conseguirlas.

Lucila: No sé doctora, quisiera creer que hay otro tratamiento, alguna forma de evitar esto.

Doctora: Créame que no hay más solución, he discutido su caso con otros colegas y ya veíamos venirse este momento, pero se lo repito: es por su propio bien. **(Sollozando, Lucila niega con la cabeza).**

Doctora: Escúcheme bien, usted no me deja otra opción, con todo el dolor en mi alma si usted no toma la pensión, yo voy a solicitar su despido y va a ser peor... para usted.

Lucila: Está bien doctora, será como usted dice.

Doctora:	Le voy a dar una nota para que el Dr. Sánchez la reciba mañana, y comience a arreglar los documentos. **(Llamando)** Seño!
Marta:	**(Entrando)** Si doctora.
Doctora:	Llévela a descansar un rato y después que se vaya para su casa.
Doctora:	Mire Lucila, levante ese ánimo, verá como encontrará otras cosas que hacer en su propia casa. Y cuando salga, trate siempre de andar acompañada, no se sabe cuándo puede darle otro mareo.
Lucila:	No tengo con quién salir.
Marta:	Vamos, vení descansá… ¿Verdad que te dije…?? **(Salen).**
Doctora:	Pobre Lucila, es mi mejor enfermera, tiene 40 años de trabajar aquí. Y esa pensión que van a darle es tan poca. Pero en este país las cosas han sido así, son así y seguirán siendo así. ¿Quién será el próximo o la próxima? **(Sale).**

(Las luces se apagan. Se escucha en off la canción tema y la voz de Lucila).

Voz de Lucila:	Aceptar mi pensión fue uno de los tragos más amargos que debí probar, de pronto los años de intenso trabajo y sacrificio caían de golpe sobre mis espaldas, haciéndome sentir traicionada, marginada y a veces inútil. Dos años más tarde me veía obligada a continuar trabajando intensamente para sobrevivir y para ayudar a mis hijas; y sumada a la discriminación y las burlas de que los viejos y las viejas somos objeto, sentía la angustia de llegar al final de

mi viaje con la mayoría de mis sueños, incluso algunos muy pequeños, sin la esperanza de poder hacerlos realidad.

(Durante el texto anterior el escenario se ha transformado. Estamos en casa de Lucila. Allí se encuentran Mariana y Roberto acompañadas de su pequeña hija Rosita).

Roberto: ¿Qué será que tu mamá tarda tanto vos?

Mariana: De seguro anda de compras.

Roberto: Ojalá que no vaya a gastar todo. ¿Creés que nos prestará la plata?

Mariana: Yo no sé, últimamente se queja, parece que el dinero no le ajusta.

Roberto: Pero no vayás a aflojar, decile que necesitamos 500.

Mariana: ¿Y si no tiene?

Roberto: Vos hacé la fuerza.

Mariana: Bueno pues ¿y con lo de la casa cómo vamos a hacer? Ya don Próstulo no quiere esperar más.

Roberto: Estaba pensando, que por qué no nos venimos a vivir aquí por mientras. Así nos ahorramos el dinero de la renta, le pagamos a tu mamá, pagamos todas las deudas y después buscamos otra casa.

Mariana: No creo que mi mamá vaya a querer, siempre me dijo "casada casa quiere".

Roberto: Tu mamá vive sola. Por espacio no hay problema. Además, si ya tu mama ni casa ocupa, lo que hay que conseguirle es el cajón.

Mariana: No seas tan grosero.

Roberto: Es la ley de la vida; mis viejos están igual.

Mariana: Yo la conozco, no va a querer.

Roberto: Mirá, decile que si no nos da donde vivir nos vamos a ir a El Motote.

Mariana: ¡Je! Yo no me voy a ese pueblo, ¡estás loco!

Roberto: Solo es una excusa, para convencerla. A mí tampoco me gusta. Ya sé cómo la vamos a convencer, presta atención. **(Llamando).** Rosita, vení.

Rosita: Sí, papi.

Roberto: ¿A usted le gustaría actuar, así como en las novelas?

Rosita: Sí, papi.

Roberto: Bueno, pues óigame bien: cuando escuche que con tu abuelita estemos hablando de irnos a El Motote, usted se pone a llorar y dice: "Yo no me quiero ir, yo quiero vivir con usted abuelita". ¿Entiende?

Rosita: Sí, papi.

Roberto: ¿Cómo le va a decir?

Rosita: Yo no me quiero ir para El Motote, yo quiero vivir con usted abuelita.

Roberto:	Pero así no, tiene que llorar ¡A ver!... Repita.

Roberto: Pero así no, tiene que llorar ¡A ver!... Repita.

Rosita: (**Fingiendo que llora**) Yo no me quiero ir para El Motote yo quiero vivir con usted abuelita

Roberto: Eso es (**A Mariana**). Ya vas a ver que con eso la convencemos.

Mariana: Yo no me atrevo. A mí me va a dar una buena rasurada, mejor decíselo vos.

Roberto: , vos pedile el dinero y yo le digo de la casa.

Mariana: Dudo que acepte, pero bueno...

Roberto: ¡Shhh! Cállate allí viene...

(Lucila trae una canasta de compras, se acerca a la casa).

Rosita: ¡Hola, abuelita!

Lucila: Hola, mi amorcito ¿cómo está?

Rosita: Bien, abuelita.

Mariana: Hola, mamá, ¿cómo está?

Lucila: Aquí de compras, y apurada con una costura que tengo que terminarle a tu madrina.

Roberto: (**Muy atento, le ayuda con la canasta**) ¿Cómo esta doña Lucila?

Lucila: Hay vamos empujando la carreta. (**Entran a la casa**) ¿Y ese milagro que anda usted por aquí?

Roberto: La veo pollona, doña Lucila.

Lucila: ¡Qué va a ser! Y Jorgito, ¿con quién se quedó?

Mariana:	Sonia se quedó con él.

Mariana: Sonia se quedó con él.

Lucila: ¿Y cómo está?

Mariana: Bien.

Lucila: **(A Rosita)** ¿Quiere un pirulín mi amor?

Rosita: Sí, sí, sí.

Roberto: ¿Cómo se dice, Rosita?

Rosita: Gracias, abuelita.

Lucila: ¿Y en qué vueltas andan?

(Mariana y Roberto intercambian miradas).

Mariana: Es que... no tenemos dinero ni para comprar comida y queríamos ver si usted nos puede prestar un poco.

Lucila: Ay, mija, esos préstamos de ustedes son para nunca jamás...

Roberto: Mire, doña Lucila, le prometo que del primer sueldo que reciba a usted es a la primerita que le pago.

Lucila: ¿Y ya te dieron el trabajo?

Roberto: Todavía no, pero tengo varios chances.

Lucila: Ese ya es cuento viejo. ¿Y qué paso con el que te ofrecía el ingeniero que te recomendé?

Roberto: Bueno sí, es que… allí solo me dan chamba de conserje.

Lucila: ¿Y qué querés?, ¿qué te den de gerente?

Roberto: No, pero por lo menos algo así como el trabajo que tenía en la fábrica. Usted sabe que soy perito mercantil y he trabajado en contabilidad.

Lucila: Pues mire mijo, es mejor pájaro en mano que cien volando.

Roberto: Vaya ser que por agarrar esa chamba me pierda de otra mejor.

Lucila: ¿Y cuánto quieren?

Mariana: Unos quinientos lempiras. **(Lucila levanta la mirada como diciendo "por qué tanto")** Necesitamos comprar leche para los niños y pagar el taxi para ir al trabajo.

Lucila: Bueno, solo tengo el dinero que tú hermana ocupa para gastos en la Universidad, así que me lo pagan lo más rápido que puedan. **(A Mariana entregándole la pieza de ropa)** Termina de hacer este ruedo aquí, mira **(Sale)**

Roberto: Se lo prometo. **(Medio gritando)**

Lucila: **(Entra)**Mariana aquí está, ¿ya saben verdad?

Mariana: Gracias, mamá.

Roberto: Gracias, doña Lucila. Ah, y fíjese que quería proponerle una idea que se nos ocurrió con Mariana.

Lucila: ¿Aja?

Roberto: para poder pagarle más rápido y estabilizarnos un poco... por qué no nos da donde vivir aquí...

solo por un tiempo. **(Lucila ve a Mariana esta desvía la mirada).**

Lucila:	¿Por qué? ¿Le deben mucho a don Próstulo?

Roberto: **(Rápidamente)**No... Solo le debemos un mes, **(Mariana reacciona discretamente al oír mentir a su marido)** pero ahorrándonos el dinero de la renta, y consiguiendo trabajo hasta podemos pagar la prima de una casa propia.

Mariana: No sé... "Casados casa quieren".

Roberto: Bueno, pero nosotros nos llevamos bien, usted pasa sola... hasta podríamos ayudarle con el pago del agua y la luz, así que hasta usted ahorraría dinero.

Lucila: Déjeme pensarlo.

Roberto: Además, vería más seguido a sus nietos.

Lucila: Me encanta verlos, pero no podría cuidarlos, paso muy ocupada con las costuras que me caen, además bien saben que con mi enfermedad no tengo paciencia para cuidar niños.

Mariana: Mamá, si mis niños no molestan

Roberto: No tendría que cuidarlos. Con ellos todo seguiría como hasta ahora, Sonia los ve en el día mientras Mariana regresa del trabajo. **(Silencio, Roberto sabe que solo falta el tiro de gracia).** Si no es así... creo que nos tendremos que ir a vivir a El Motote con mi familia. Hace poco hablé con mi hermano y como mi papá está enfermo, el taller está bastante descuidado, así que he estado pensando en irme a trabajar con él.

Lucila: No creo que esa sea una buena solución.

Roberto: Pero si no hay de otra... Además, en todo caso siempre es mejor trabajar en lo propio que estar de esclavo trabajando para otros.

Lucila: ¿Y el trabajo de Mariana?

Roberto: Con algunos conectes que tengo, le puedo conseguir las prestaciones e invertir ese dinero en comprar algunas herramientas y máquinas para mejorar el taller… de modo que si aquí no es posible... **(A Mariana y Rosita)** mis amores, nos vamos a vivir a El Motote.

Rosita: **(Llorando)** ¡Yo no me quiero ir a El Motote, yo quiero vivir con usted abuelita! ¡Yo no me quiero ir!

Lucila: Ya, mijita, no llore.

Roberto: Así que la decisión está en sus manos doña Lucila.

Lucila: **(Besa a la niña)**Está bien... usen el otro cuarto, van a tener que estar los cuatro en él.

Roberto: Pierda cuidado doña Lucila, nos acomodamos, de todas formas, no va a ser por mucho tiempo.

Lucila: ¿Cuándo se piensan pasar?

Roberto: Lo vengo a limpiar mañana.

Mariana: Vámonos pues.

Lucila:	(**A Mariana**) Vos no te vayas. Quédate para que me ayudes a terminar el vestido de tu madrina.
Mariana:	Sí mamá. Roberto llévate a la niña.
Roberto:	Véngase, Rosita, vámonos. Gracias doña Lucila, nos vemos mañana. Cuídese mucho ya verá que no se va a arrepentir. **(Sale).**

(Pausa incómoda mientras ambas trabajan en la costura)

Lucila:	¿Y por qué estás tan callada?
Mariana:	Nada, me duele un poco la cabeza.
Lucila:	De seguro no has comido en la cocina hay unos frijolitos frescos.
Mariana:	No tengo hambre.
Lucila:	Ay, mija, esa situación de ustedes me preocupa, van de mal en peor. **(Tocan a la puerta).**
Lucila:	¿Quién será? Francamente las visitas no empobrecen, pero atrasan. **(Vuelven a tocar)**
Marta:	**(Desde afuera)** ¡Comadre!
Lucila:	Pase comadre, está abierto **(se dan un fuerte abrazo).** ¿Qué tal está?
Marta:	**(Trae consigo una bolsa).** Muy bien comadre, aquí viéndola, y usted ¿cómo ha seguido?
Lucila:	Ahí vamos, trabajando como siempre.
Mariana:	Hola, madrina.

Marta: Ve, pero si aquí anda la Mariana, ¿cómo estás?

Mariana: Bien, ayudándole un rato a mi mamá.

Marta: ¡Eso está bueno! Pero usted no exagere con el trabajo comadre, no se confíe, no vaya ser que recaiga. Cuénteme ¿cómo se ha sentido?

Lucila: Pues más o menos; he tenido mis malos ratos, pero en general he mejorado bastante. Solo que deje de tomar las medicinas porque me dan los dolores de cabeza y mareos, siéntese comadre.

Marta: Ay no comadre, ¿y cómo hace usted con todo tan caro?

Lucila: Estirando la sábana, y gracias a Dios nunca falta trabajo, lo que me deja algunos centavos, porque si solo fuera con lo de la pensión, quien sabe.

Marta: Pero es que usted tiene mucha carga comadre, no debería estarse preocupando tanto. ¿Y cómo va con mi vestido?

Lucila: Ya casi lo termino, mañana a primera hora se lo tengo listo.

Marta: No comadre, si la fiesta es hoy en la tarde.

Lucila: Ay Dios mío, ¿cómo va a creer?

Marta: Sí, más bien yo venía a traerla para que se fuera conmigo.

Lucila: Quién sabe, comadre.

Mariana: Madrina, si mi mamá ya no está para fiestas.

Marta: ¿Cómo que no está para fiestas? ¿Y a vos que te pasa?

Mariana: Ni yo voy a fiestas.

Marta: Ese es problema tuyo nosotros estamos en la flor de la juventud.

Lucila: No puedo comadre, no ve que Mariana se va a pasar a vivir aquí.

Marta: ¿Cómo? ¡Vaya! ¿Por fin dejaste a ese sin vergüenza de tu marido?

Mariana: No madrina...

Lucila: Los cuatro se van a pasar a vivir aquí.

Marta: Que, ¿qué? ¡A la gran puta! Solo eso le faltaba comadre. Le van a quitar hasta la casa.

Lucila: Usted sabe que la situación está difícil.

Marta: Y como no va estar difícil, si ese haragán solo bebiendo y jugando billar se lleva!

Mariana: No, madrina, Roberto ha estado buscando trabajo, lo que pasa es que no ha tenido suerte.

Marta: Y vos, cómo podés ser tan inconsciente, trayéndole más trabajo a la pobre vieja, que ya está cusca de pasar ensartada en esa máquina, para darles de comer a ustedes.

Mariana: Yo le vengo a ayudar.

Marta: Qué vas a estar ayudando, vergüenza te debería de dar de estar defendiendo a ese vago.

| **Mariana:** | Mamá, mejor me voy, con mi madrina no se puede hablar. Ay nos vemos. |

| **Marta:** | Si, ándate, y dejá en paz a tu pobre madre, que hasta que se muera, vas a estar contenta. |

(Lucila ha quedado muda del zafarrancho entre Marta y Mariana, comienza a Sollozar).

| **Marta:** | ¡Qué barbaridad! Pero ¡cómo es que usted puede ser tan bruta! Encima de todo ¿les va a dar donde vivir? |

| **Lucila:** | Pero ¿y qué voy a hacer? |

| **Marta:** | Ese su yerno es un vago, vividor, le va a terminar quitando la casa. |

| **Lucila:** | Solo van a estar un tiempo. |

| **Marta:** | Ya metidos aquí, no los va a poder sacar nunca. Usted es la que va a salir, pero tiesa y con las patas por delante. |

| **Lucila:** | **(Lagrimeando)** Ay comadre, yo sé que Mariana tiene muchos defectos, pero es mi hija, no puedo dejarla desamparada. |

| **Marta:** | Muchas veces uno tiene que ser fuerte, pero usted no puede ni debe resolver todos los problemas de sus hijas, tiene que enseñarles a salir adelante por ellas mismas, tal como lo hizo usted. Tal vez ahora Mariana no lo entienda y hasta se resienta con usted, pero a la larga se lo va a agradecer. **(Pausa)** Mire comadre, el amor va más allá de satisfacer caprichos, incluso necesidades. El amor a los demás comienza por el amor propio, |

considérese usted misma y acepte sus
limitaciones.

Lucila: Tal vez tenga razón, pero es que esas pobres
criaturas...

Marta: No se ponga así, primero tranquilícese. No
quiero que se vaya a enfermar. ¿Por qué no se
viene conmigo? Acompáñeme a la fiesta.

Lucila: No puedo.

Marta: Claro que puede, es más, no le acepto un no por
respuesta. Mire comadre, esa decisión de
dejarlos vivir en su casa es muy delicada, tiene
que pensarlo bien. Después de la fiesta
hablamos tranquilamente y se queda
durmiendo en mi casa. ¿Qué dice?

Lucila: Es que ni ropa bonita tengo.

Marta: No se preocupe por eso, yo le presto alguna y
la arreglo bien bonita.

Lucila: Ni siquiera le he terminado el vestido.

Marta: Olvídelo, si tenemos tiempo, en casa me lo
termina, vámonos...

Lucila: Bueno, vamos... gracias comadre.

Marta: No tiene nada que agradecerme, vamos a hacer
su maletita, lo que si tiene que llevar es calzón,
porque esos sí que no se los presto a nadie

Lucila: ¡Ay comadre cómo es usted! **(Salen.)**

(El escenario se transforma en un salón de fiestas. De acuerdo a sus habilidades algunas(os) declamarán, bailarán, dirán bombas, chistes etcétera.)

Marta: (Entrando con Lucila) Hola a todos, aquí les vengo a presentar a mi comadre Lucila. Atención a todos: la fiesta está muy bonita, pero tiene que terminar pronto acuérdense que mañana vamos al mar. Además les cuento que mi comadre nos va a acompañar a la excursión.

(Celebran. Van saliendo. El escenario comienza a oscurecerse hasta el apagón total. En la oscuridad se escucha el rumor del mar y al fondo se despliega un telón que sugiere un amanecer. La luz sube gradualmente, entran formando una fila. Mueven sus brazos como si fuesen olas. Se escucha la voz de Lucila en Off).

Voz de Lucila: Amanece y descubro que la vida abre sus puertas a un nuevo destino, muchos creen que es el final y sin embargo al paso de tantos años por fin comienzo a vivir, por fin puedo romper las cadenas que me ataban a esta existencia, y descubrir y experimentar que el amor es sacrificio y tolerancia, pero también respeto y libertad; que los años nos ofrecen lo que las escuelas no pueden enseñarnos: sabiduría, la que debemos conquistar abriendo nuestra mente y nuestro corazón. No... No es el final del viaje, llegar hasta aquí es la bendición de ver un nuevo amanecer.

(Avanzan tomados de la mano. Saludan al público).

TELÓN

Tegucigalpa, MD, junio de 2001.

Grupo Teatral "Siempreviva", integrado por personas de la tercera edad.

El Maestro Rafael Murillos Selva y el grupo de actrices.

Jubilados presentan la obra "No es el final del viaje"

En todo un espectáculo se convirtió la presentación de la obra de teatro "...No es el final del viaje" del grupo teatral Siempreviva, integrado por jubilados (as) y pensionados (as) del Instituto Nacional de Jubilaciones y Pensiones de los Empleados y Funcionarios del Poder Ejecutivo (Injupemp).

El escenario para la presentación de gala de esta obra fue el Teatro La Reforma y a la misma asistieron miembros del cuerpo diplomático, empresarios, funcionarios y amantes del teatro.

El elenco artístico de "...No es el final del viaje" está integrado por Emma Leonor López, Isabel Ochoa Pineda, María de Jesús Méndez, María Victoria Islas, Olelia Barrientos, Paula Olivia Giráldez, Dora de Jesús Almendárez, María Marta Gómez, Sarai Cubas, María Félix Coello y Herencia López de Medina.

La obra es dirigida con gran profesionalismo por Rafael Murillo Selva y por Felipe Acosta y en ella actúan además René Reyes y Napoleón Pineda.

"...No es el final del viaje" es una frase en la que se resumen las esperanzas, no sólo de vivir más, sino de vivir mejor, de los que llegaron a la tercera edad y que piden ser tratados con la consideración y el respeto que los años de trabajo y sacrificio los hacen merecedores.

Esta es una de las escenas de "... No es el final del viaje"

Otra de las escenas de la obra de teatro del grupo teatral Siempreviva.

El público disfrutó de una nueva propuesta del Maestro Rafael Murillo Selva

CRÉDITOS

Texto: Trabajo de Creación Colectiva basada en improvisaciones del grupo "Siempreviva", recopilados por Felipe Acosta bajo la dirección y asesoría de Rafael Murillo-Selva.

Producción general: Felipe Acosta.
Dramaturgia: Rafael Murillo Selva y Felipe Acosta.
Selección de música y efectos: Felipe Acosta.
Tema musical: "Amanecer" José Luis Suazo.
Vestuario: Actores y actrices.
Escenografita y utilería: Actrices y Felipe Acosta.

Técnicos de sonido y escenario: Gustavo López
Afiche y programas: Javier Granera
Diseño Gráfico: Marvin López
Impresión: Ediciones AGM

LA REINA MALVADA

LA REINA MALVADA
GUIÓN ESCÉNICO EN UN ACTO
(CON PERDÓN A LOS PERROS)

(Comienzan en coro diciendo: "El Teatro infantil la cantera presenta: La Reina Malvada" luego cada niño y niña se presenta al público. La Reina está sentada en el trono, se ve en el espejo, mientras los guardias marchan de un extremo a otro).

Guardia: (A otro) ¿ya te pagó los dos meses pasados?

Guardia: No, ¿y a vos?

Guardia: No, todo el dinero se lo gasta en fiestas y en ese perro pulgoso.

Reina: ¡Ajá! ¿Con que hablando mal de mí? Váyanse, déjenme sola.

Guardias: Sí, su majestad.

(La Reina llama a las sirvientas).

Reina: Tú, límpiame las uñas. Tú, péiname. Y tú, dame aire que en este pueblo de indios hace mucho calor... Yo soy una Reina de primera, para este pueblo de tercera. **(La sirvienta que la peina le hala accidentalmente).**

Reina: Edecán, edecán.

Edecán: (Entrando) Ordene, su majestad.

Reina: Lleve a esta bruta, que me ha jalado el pelo. Azótenla.

| **Edecán:** | **(A la sirvienta)** Ya ves lo que te pasa mamacita por no hacerme caso, si me abres la puerta de tu dormitorio esta noche, te dejaré libre. |

| **Sirvienta:** | Ni loca. Prefiero la cárcel a la humillación, primero muerta y después viva. |

| **Edecán:** | Pues te jodiste. **(Salen)** |

| **Reina:** | Sirvienta, ¡tráeme a mi Micifuz! |

(Le lleva el perro. La sirvienta sale y entra rápidamente cada vez que es solicitada).

| **Reina:** | ¡Ay, qué bonito esta mi Micifuz! Tráeme la comida para mi perrito. También jamón para mi dulzón. Pollito frito, para mi tigrito Leche para mi lechoncito, y cerveza también. |

(La sirvienta lleva la cerveza).

| **Reina:** | ¡Bruta, no ves que es para el perro, y no para mí! |

| **Sirvienta:** | Perdóneme, su majestad. |

(El perro termina de comer).

| **Reina:** | ¡Ay mi Micifuz..., mi Micifuz! |

(El perro se pasea por todo el escenario, se hace pupú y pipí).

| **Reina:** | ¡Sirvientas! |

| **Sirvientas:** | Sí, su majestad. |

| **Reina:** | Tú, trae los polvos, y tú, el papel… me limpian al perrito. |

(Las sirvientas discuten, no quieren limpiar al perro. La Reina vuelve a verse en el espejo).

Reina:	Y todavía no han limpiado a mi Micifuz; apúrense que tengo mucho que hacer. **(Una limpia al perro).** Hoy he trabajado tanto que debería dormir. **(Preguntando al público)**, ¿no les parece?
Reina:	Guardias, vengan, velen mi sueño.

(Mientras duerme, un ladrón entra a robar la comida de Micifuz. El perro se despierta, ladra).

Reina:	¡Guardias! ¡Guardias! ¡Hay un ladrón, despierten...!

(Los guardias lo atrapan, lo llevan frente a la Reina)

Reina:	¿Por qué no respetas la propiedad privada? ¡Sinvergüenza!
Ladrón:	Es que tengo hambre, en el pueblo no hay nada qué comer, sólo en su palacio hay comida.
Reina:	¡Todos tenemos hambre!, ¡hasta yo! Trabaja y tendrás como hartarte; llévenlo al calabozo y quémenle las manos. **(Salen todos).**
Reina:	¡Ay no, estoy aburrida, quiero divertirme! **(Llama)** ¡Bailarines...! **(Entran y se presentan).**
Reina:	¡Fuera! eso no sirve. **(Llama)** ¡Cantantes...! **(Entran y cantan sin ánimo.).**
Reina:	Eso no se baila ni se canta así. Yo les voy a enseñar cómo se hace **(se pone a cantar y**

bailar). ¿Ya ven...? ¡Fuera! No sirven para nada. Estoy aburrida y triste. **(Llama)** Payasos.

(Entran saludando, llevan dos perros que hacen gracias y maromas, cuenta chistes, etcétera).

Reina: ¡Fuera! ¡Fuera con esos perros pulgosos, pueden asustar a mi Micifuz! **(Salen).**

(Es de día, el anunciador con la trompeta...).

Anunciador: La Princesa y su perrito Popí se acercan al Palacio Real.

(Entran, la Princesa y la Reina se saludan, los perritos se dan besos).

Reina: Fíjate que se metió un ladrón a robar la comida de Micifuz.

Princesa: Y a mí, la sirvienta me robó mi oro y mis rubíes, le mandé cortar la cabeza.

Reina: Oye, ¿y dónde has sacado tantas joyas?

Princesa: Obligué a mis siervos a entregarme la mitad de su cosecha... Los hice trabajar como se debe. No querían, pero mis capataces se encargaron de ello: si no me daban la mitad ya sabían lo que les esperaba.

Reina: ¡Ah! yo quisiera tener tantas joyas como la Reina de la Minas del Mochito.

Princesa: Oye, cuéntame: ¿cómo te ha ido con el Rey de la Mina del Rosario?

| **Reina:** | Pues mal. Por más que le masco chicle, que le tomo Coca Cola y que le bailo rock, nada vos, hay veces ni me ve. |

Reina: Pues mal. Por más que le masco chicle, que le tomo Coca Cola y que le bailo rock, nada vos, hay veces ni me ve.

Princesa: ¿Y por qué no haces como hacen en la novela "Encadenados"?

Reina: ¿cómo hacen?

Princesa: ¡Ah! Ella se viste bien. Va a cenar a la casa de él y le lleva regalos... **(Los perritos se ponen a ladrar tiernamente).**

Princesa: ¿Qué te pasa Popí?

Reina: ¿Qué te pasa Micifuz? **(Entra el anunciador).** Se aproxima el Rey de las Minas.

(Entra un gringo y les dice palabras de amor en inglés. Las besa. La Reina y la Princesa caen desmayadas. Los perritos se van tras el gringo; se despiertan).

Reina: ¿Qué pasó?

Princesa: El Rey de las minas pasó por aquí y nos besó. ¡Ah! **(Se vuelven a desmayar).**

Sirviente: ¡Caramba!, qué arrastradas, mejor será que me vaya. No, mejor las despierto.

Sirviente: ¡Majestad! ¡Princesa! ¡Despierten!

Reina: **(Despertando)** ¿Qué pasa? Yo, una Reina, tirada en el piso, ¡ay no! Qué barbaridad... y tú, ¿qué estás haciendo aquí? ¡Guardias! saquen a este sirviente que me trata de robar. **(Salen guardias y sirvientes).**

Princesa:	**(Despertando)** Ya es hora de darle de comer a Popí. Popí, Popí, ¿qué te hiciste? **(Lo busca).**
Reina:	Micifuz, Micifuz
Princesa:	¡Ay no! Me voy a volver loca sin mi Popí.
Reina:	¿Y mi Micifuz? ¡Ay, por Dios! ¿En dónde estará? Guardia, busquen a mi Micifuz y a Popí y encuéntrenlos, si no... **(Amenaza)** ¡Ya verán...!
Guardia:	Sí, su majestad.
Princesa:	¡Ay, no! No confío en estos indios. Yo iré a buscarlos **(Sale).**
Guardia:	¡Su majestad! ¡Su majestad!
Reina:	¿Qué?, ¡Micifuz! ¿Qué le pasó?
Guardia:	A Micifuz lo atropelló un carro por ir siguiendo a un gringo y a Popi...
Reina:	¡Y a mí que me importa lo que le pasó a ese Popí, yo sólo quiero saber de mi Micifuz! ¡Ay, mi Micifuz! Llamen un médico.
Guardia:	Doctor, doctor.

(El doctor entra...)

Doctor:	**(Para él mismo)** Cuidando perros y con tanta gente enferma, pero bueno. Buenas tardes, su Majestad.
Reina:	Buenas tardes, doctor. Cure a Micifuz y le daré todo lo que ha soñado.

Doctor: ¿Todo?

Reina: Sí, todo.

(El Doctor saca de su maletín el aparato, le pone corriente eléctrica, el perro salta tres veces).

Doctor: Dele estas pastillas y este jarabe, debe reposar por dos meses, y ahora que curado está, deme lo que siempre he soñado...

Reina: ¿Y qué has soñado?

Doctor: En la justicia y en una buena salud y educación para toda la gente.

Reina: Guardia...

Reina: Sí, su majestad.

Reina: Lleve a este hombre al calabozo para que siga soñando **(sale el Doctor y el guardia)**

(Llega la Princesa corriendo, cargando a su perro Popí).

Princesa: ¡Ay, mi Popí! ¡Mi Popí! Lo encontré... lo encontré sano y salvo, sólo estaba asustado y con hambre y casi me lo patea un bruto porque lo estaba orinando. Y dime, ¿Micifuz se salvó?

Reina: Sí, los guardias lo han encontrado, he tenido que llamar al médico y este lo ha curado, pero al muy ambicioso al calabozo lo he enviado. **(Tocan a la puerta).**

Reina: Guardia, ve a ver quién es.

Guardia: **(Abre...)** ¿Qué quieren?

Campesinos:	Queremos ver a la Reina.
Guardia:	Son unos campesinos que la quieren ver.
Reina:	Diles que no. No estoy para ver a la gente, solo estoy para mi Micifuz.
Princesa:	Espera, tal vez te traigan sus tributos. Después de la paliza que les mandé a dar, vinieron ayer muy sumisos a entregármelos, ¡hum! Eso les ha de haber quedado de lección.
Reina:	Tenés razón. Es que con lo que le pasó a mi pobre Micifuz no puedo pensar en nada, además necesito ese dinero para la gran fiesta que se avecina en la casa del Rey de las Minas ¡Que pasen! ¡Que pasen!
Campesinos:	Buenas tardes, su majestad.
Reina:	Buenas.
Campesino 1:	Veníamos a decirle que no hubo cosechas porque...
Reina:	¿Y por qué?
Campesino 2:	Es que no hay herramientas para trabajar.
Campesino 1:	Ni insecticidas, ni abonos.
Campesino 2:	Ni dinero.
Reina:	¡Dinero! Todos vienen a pedir dinero, guardias, ¡sáquenlos y azótelos hasta que vengan a entregarme el dinero que me deben! **(Los sacan).**
Princesa:	Así se hace. ¡Ay, mi Popí, tan lindo!

(Se oyen voces lejanas que luego se acercan).

Voces: (A grandes gritos) ¡Queremos ver a la Reina! ¡Queremos ver a la Reina! ¡Queremos ver a la Reina!

Reina: ¡Ay, ¡cómo me aclaman! Qué lindo que lo quieran a uno, seguramente me traen el dinero **(se desplaza)** Hola, ¡querido pueblo!

Pueblo: ¡Fuera, fuera, fuera...!

(El pueblo entra al Castillo, se arma un gran desorden. La Princesa corre, los perros no paran de ladrar, capturan a la Reina y a la Princesa con sus perros).

Alguien: ¿Y ahora, a quién elegiremos como nuevo Jefe?

Otro: ¡Ya sé, a don Raúl, el doctor! Lo tienen en el calabozo, iremos a liberarlo.

Pueblo: ¡Don Raúl! ¡don Raúl! **(lo sacan del calabozo).**

Alguien: Don Raúl, ¡el pueblo lo ha elegido como nuevo Jefe...! **(le imponen una banda).**

Don Raúl: ¡Gracias! Gracias, acepto y prometo ser justo.

Alguien: ¿Y qué hacemos con estas señoras?

Voces: Hay que colgarlas, quemarlas...

Don Raúl: No... No... He prometido ser justo, la justicia dirá qué hacer con ellas, pero por ahora, mientras el juicio se hace, que vayan a prisión.

Alguien: Don Raúl, y con los perros ¿qué haremos?

Reina:	¡Ay, no! ¡Mátenme si quieren, pero yo no puedo vivir sin mi Micifuz!

Princesa: ¡Ay, mi Popí, mi Popí! ¡No lo puedo perder! Destiérrenme, ¡encarcélenme, pero a mi Popí no me lo quiten!

Don Raúl: Lo siento, señoras, ese es un castigo merecido ya que se han preocupado más por sus perros que por las gentes. **(Los guardias les quitan los perros. Las dos mujeres se desesperan, se arrebatan, lloran y forcejean. Por fin son llevadas fuera del recinto).**

Guardia: ¿Y ahora qué hacemos con ellos? **(señala a los perros).**

Don Raúl: **(Piensa un instante)** ¡Ya sé! Llamen a los artistas **(los payasos arriban).** Se los entregaremos a ellos para que sigan cumpliendo su hermosa función de divertir, la que en ocasiones es más importante que la de gobernar. ¡A divertirse todos! **(Se improvisa una gran fiesta, con payasos, bailarines, cantantes, etcétera.)**

FIN

San Juancito, Honduras, MDC, 1988.

EL DERECHO A LA VIDA (VERSIÓN RADIOFÓNICA)

EL DERECHO A LA VIDA

(EFECTO: GALLOS CANTANDO).

NARRADOR:	Con el canto de los gallos se anuncia un nuevo amanecer. En un sector pobre y marginado de la capital, viven dos mujeres. Una de ellas es Ergástula, joven de piel trigueña, cabellera negra ondulada, y malhumorada por su estado de embarazo, comienza el día diciendo:
ERGÁSTULA:	**(Chupa los dientes)** Caramba... otra noche sin dormir y todo por esta barriga... Ni que se piense que voy a tener este cipote... Maldita la hora en que me fui a hacer de esta panza.
NARRADOR:	Ergástula continúa murmurando. Su madre, quien se gana la vida lavando ropa, escucha con paciencia.
MADRE:	Pero hija, no digas esas cosas, por algo Dios te ha querido dar esa criatura, habla con el papá, puede ser que te ayude.
ERGASTULA:	¡Ay, mamá! Si lo conociera... Es un sinvergüenza, además no lo quiere reconocer, me dijo que este hijo es de cualquiera menos de él, más bien me insultó y me dijo que yo era una cualquiera.
MADRE:	Mija, sea lo que sea, ese niño que tiene usted allí, también tiene derechos.

ERGÁSTULA: ¡Qué derechos ni que ocho cuartos! Si lo tengo, mamá, te juro que lo abandono, porque yo soy dueña de lo mío.

MADRE: No, hija, tenelo, lo vamos a criar juntas, te voy a ayudar, lavaré más ropa, plancharé, veré qué hago, pero ese niño tiene derecho a vivir.

ERGASTULA: Pero mamá, si no ganas ni para comprarte unos zapatos... Mira cómo me criaste, sin colorete, sin esmalte de uñas, sin vestidos, sin cadenas, sin nada de nada, como una limosnera, pidiéndole siempre a mis amigas sus cosas prestadas.

MADRE: Pero hija, nunca te faltó un plato de comida... Además te puse en la escuela y no te gustó, te puse a aprender un oficio, tampoco te gustó. Lo único que te ha gustado desde los trece años es la calle.

ERGASTULA: ¿Pero que querés que haga todo el día en este cuartucho, si no encuentro trabajo, siempre sola, sin un padre que me ayude? No, no me haré cargo de nadie. Soy joven, quiero vivir y gozar, mejor me voy a ver a Arturo, mi nuevo novio, que me está esperando.

(EFECTO: PASOS ALEJÁNDOSE...).

MADRE: ¡Qué vida, Dios mío, qué vida!

(EFECTO: LLANTO... LLANTO...)

NARRADOR: Al transcurrir los nueve meses, Ergástula, sin muestras de amor alguno, abandona al pequeño en la puerta de una humilde carpintería. La criatura pasa toda la noche con hambre y frío.

(CORTINA MUSICAL. EFECTO: INICIO DE UN DIA).

NARRADOR: Un nuevo día nace, la ciudad despierta. Erasmo se encamina a su pequeña carpintería, al pretender abrir la puerta, un llanto lo sorprende.

ERASMO: ¡Pero qué es esto! (llanto de bebé) ... Si es una criatura... ¿Qué hago?... Alguna mujer sin escrúpulos fue capaz de abandonarla... ¡Pobrecito! ¿Ha de tener hambre? Lo llevaré a mi casa.

(CORTINA MUSICAL. EFECTO DE PASOS ACERCÁNDOSE).

ERASMO: Vieja, vieja... ¿Dónde estás?

ELISA: ¡Erasmo! ¿Qué haces acá? ¿Y eso que traes allí?

ERASMO: Mira, mujer, lo que encontré en la puerta del taller. Toditito el trayecto se la ha pasado chillando, segurito que tiene hambre. Crees que se pueda quedar con nosotros.

ELISA: ¿Qué decís? Ni loca. Si apenas nos alcanza para mantener a los nuestros, cómo diablos le vamos a dar de comer a otro chigüín. Además, no estoy segura de este cuento tuyo. A saber si es de la otra y la sinvergüenza esa me lo manda para que yo lo críe.

ERASMO: Pero, ¡cómo sos, mujer! Otra vez con esos celos, te juro que desde que me enserié con vos no la he vuelto a ver y si así fuera, eso no importa, no me perdonaría no darle un poco de comida a este pobre angelito y además Dios es testigo que me lo encontré.

ELISA: Perdona, perdona Erasmo, pero esta situación de tanto trancazo que da el gobierno, me tiene loca. Y otra boca. Imagínate, ayer los frijoles estaban a doce, hoy están a quince, mejor es que se lo demos a la iglesia. ¡Ya sé! A la Iglesia, no, mejor a doña consuelo, ella quería adoptar uno hace meses.

(EFECTO DE ALBOROTO DE NIÑOS QUE LLEGAN A LA CASA).

NARRADOR: En ese momento los cuatro hijos de la pareja regresan de la escuela.

NIÑOS: ¡Buenas tardes, mami! ¡Buenas tardes, papi!

EMILIO: Mamá, tengo hambre.

JESSY: Papá, la maestra nos pidió diez lempiras para la celebración del día del niño.

ÓSCAR: ¡Mirá qué chichote, papá! Me lo hizo la maestra porque yo no sabía cuál era la capital de Estados Unidos.

NAHUN: Y a mí, mami, la profesora no me dejó jugar el recreo, sólo porque le dije que no entendía lo que decía, fíjese.

ERASMO: Bueno, bueno, bueno. A lavarse las manos y con jabón, no vaya ser que se enfermen del cólera.

(EFECTO: PASOS QUE SE ALEJAN Y LLANTO DE BEBÉ).

NARRADOR: Los niños se alejan, pero en ese momento escuchan un llanto que sale de una caja y exclaman:

JESSY: Miren, tenemos otro hermanito.

ELISA: No digan tonterías, ese no es su hermano. Tu Papá lo encontró abandonado en la acera de la carpintería, y lo ha traído a la casa para darle de comer, pero ni piensen que nos vamos a quedar con él.

ERASMO: Vaya problemón, este niño. Elisa tiene razón... Pero váyanse para adentro, cipotes, mientras resolvemos esto.

YESSY: ¿Y por qué no dejan que nosotros opinemos? Tenemos derecho a opinar. ¡Púchica!, como siempre, los niños nunca podemos opinar.

ERASMO: Vayan para adentro he dicho.

JESSY: ¡Yo quiero otro hermanito!

ÓSCAR: Sí, mamá, que se quede con nosotros.

NAHÚN: Yo no lo quiero, porque lo voy a tener que cuidar.

JESSY: Cállate, Ciriaco, sólo en vos pensás.

NAHUN: Yo también tengo derecho a decir lo que yo quiera.

JESSY: Pobrecito, el niño está solito y es nuestro hermanito.

ELISA: Ya les dije que no es hermano, caramba.......

SAÚL: Vaya, vaya, no quiero discusiones.

JESSY: Mamá, mamá, yo lo voy a cuidar.

EMILIO: Yo jugaré con él.

CIRIACO: Yo no lo quiero, que se vaya.

TODOS LOS NIÑOS: Cállate vos, Ciriaco, cabeza de gato.

ÓSCAR: Mami, si se queda, yo buscaré un trabajito.

TODOS LOS NIÑOS: Que se quede, mami; que se quede, papi.

ERASMO: Chigüines estos, como no saben lo que cuesta crearlos, pero al fin de cuentas son hijos de padres honrados. Ya ves, Elisa, ¡los niños quieren otro hermanito y como vos ya no podés parir, quedémonos con este!

ELISA: ¡Santo Dios!

(CORTINA MUSICAL).

NARRADOR:	El niño llora nuevamente y para callarlo, se le acercan, lo consienten, lo acarician y le cantan.
LOS NIÑOS:	Arrurú mi niño, arrurú, duérmase mi niño...
NARRADOR:	Erasmo y Elisa contemplan la escena de ternura, se ven entre sí y con un gesto de alegría y esperanza dicen:
ERASMO:	Bueno, no hay de otra, que se haga la voluntad de Dios.
LOS NIÑOS:	¡Hurra! Que viva mami, que viva papi....
JESSY:	¿Y cómo se llamará?
ÓSCAR:	Prosapio.
JESSY:	Miguel.
EMILIO:	Francisco.
NAHÚN:	Lempira.
ÓSCAR:	Morazán.
NARRADOR:	Elisa, con el dedo sobre los labios y la mirada de recuerdo, piensa en el pueblo que la vio nacer
ELISA:	Se llamará Juancito, en honor al pueblo donde yo nací, que se llama San Juancito.
LOS NIÑOS:	Sí, sí, está bien, Juancito, Juancito.

NARRADOR: Así termina y comienza la historia de un niño abandonado, la que se repetirá una y otra vez mientras existan los Carlos y las Ergástulas.

SAÚL: Niños de Honduras, queramos a los demás, juguemos juntos y, sobre todo, reclamemos nuestros derechos.

ÓSCAR: Derecho a la salud.

EMILIO: Derecho a jugar.

YESSY: Derecho a la educación.

SAÚL: Derecho a un nombre.

ANA: Derecho a una nacionalidad.

NAHÚN: Derecho a tener padres.

ANA: Derecho a comer.

JESSY: Y sobre todo, Derecho a la vida.

(Cierre, canción del arco iris).

San Juancito, Honduras, 1990
Transmitido por Radio América, Tegucigalpa, Honduras

LA CANTERA DE SAN JUANCITO

Profesora Sayda Castañeda
Tegucigalpa -1989

(….) Atraído por las verdes montanas (de San Juancito) y el clima fresco del lugar, el escritor Rafael Murillo Selva, director de teatro y con mucha experiencia en ese campo dirigiendo varias obras a nivel mundial, se radicó en San Juancito.

Como una forma de insertarse en la comunidad, nace la idea de formar un grupo de teatro infantil, al que llaman "La Cantera". El grupo se fundó en 1989 con 12 integrantes, quedando en la actualidad solo con seis.

En la casa que compra en ese tranquilo poblado de calles angostas y empedradas, de topografía irregular, rodeado de altas montañas y con un riachuelo de frías aguas que lo cruza, hace construir un anfiteatro.

En ese escenario los niños, en edades que van de 6 a 11 años, han ido aprendiendo el arte de la actuación. Durante ese tiempo han tenido varios maestros y no han contado con apoyo financiero de ninguna institución estatal, solo de algunas personas amigas.

Para Murillo Selva fue la primera experiencia con niños. Dijo estar contento con el trabajo, pues estos han demostrado mucha disciplina, son muy juguetones, como todo niño, pero que cuando toca trabajar, lo hacen en serio.

LA REINA MALVADA

La primera obra montada y representada en el anfiteatro fue "La Reina Malvada". Su argumento fue creación del colectivo. Trata de una reina que sueña con joyas, regalos y con casarse con el rubio presidente de la Rosario Mining Company, considerándose "una noble de primera para un pueblo de tercera", y quien no cumple sus caprichos termina en el calabozo.

Esta obra enfoca la alineación de que son objeto estos pueblos del tercer mundo, producto de las telenovelas y del desprecio que sienten por los nativos, prefiriendo al extranjero.

A la representación asistieron habitantes del pueblo y visitantes de Tegucigalpa, quienes abarrotaron el anfiteatro que se encuentra decorado con plantas, afiches de las obras dirigidas por Murillo y premios obtenidos en diferentes festivales de teatro a los que ha asistido.

¿Quiénes son?

José Emilio, el más pequeño del grupo aspira a ser periodista, de pelo lacio, ojos achinados, inquieto y afectuoso, comenzó a actuar a los cuatro años. Tiene una capacidad asombrosa de memorización, al punto que recuerda los parlamentos de todos los integrantes.

Yessica es, a juicio de Murillo Selva, una actriz nata. Puede caracterizar cualquier rol. Le gustaría ser "como las que salen en las telenovelas". Menuda, trigueña, delgada y vivaz y tiene mucha facilidad de expresión corporal.

Ana Lizzette, Hansen, Oscar y Nahúm, son el complemento del grupo. Para ellos pertenecer al mismo les ha ayudado en su vida personal, ahora son más comunicativos, se sienten importantes y han perdido la "vergüenza".

Mantienen muy buenas relaciones entre ellos, aunque algunas veces se pelean, como es natural, pero al rato vuelven a jugar y a compartir sus actividades

Sus padres y maestros están muy contentos con la actividad que realizan, apoyándolos e incentivándoles a que sigan adelante y mejoren cada vez más.

Cuentan que en la escuela algunos compañeritos los ven con admiración, aunque no dejan de haber quienes les tienen envidia, pero ellos los invitan a que se integren al grupo.

RADIOTEATRO

Con ocasión a la celebración del día del niño, presentaron un radioteatro patrocinado por el comité para la Defensa de los Derechos Humanos (CODEH), llamado "Los Problemas de los Adultos y el Derecho a la Vida". Habla de la paternidad irresponsable y del derecho que tienen los niños a la educación, salud, vivienda, pero sobre todo derecho a la vida.

Este mismo radioteatro fue presentado como obra de teatro en el Gimnasio Nacional. Entre algarabías, brincos, bromas cuentan que disfrutan mucho cuando salen de gira en algún lugar cercano, sobre todo en Tegucigalpa, pues se hospedan en buenos hoteles y pueden "andar" en ascensor y bañarse con agua caliente.

Les gusta hacer más teatro que radioteatro, pues los pone nerviosos hablar por micrófono, en cambio en teatro están en comunicación directa con el público.

TEATRO: UNA ACTITUD CRÍTICA

El maestro Murillo ve el teatro como algo muy ligado a la vida misma, que contribuye a que los seres humanos sean más abiertos, generosos democráticos, y si esto no se logra, no se está cumpliendo con el objetivo.

El teatro, al igual que la poesía y la oratoria, orienta el pensamiento y estimula una actitud crítica y reflexiva, es un medio de humanización y sirve para despertar la conciencia de las gentes.

Esto es lo que Rafael desea con el grupo de niños campesinos, humildes, hacer de ellos hombres con conciencia crítica, que ayuden a transformar esta patria que necesita del concurso de todos.

Tegucigalpa -1989.

LA FAMILIA OSA Y SU AVENTURA TURÍSTICA EN HONDURAS: TEATRO PARA TÍTERES (INÉDITO)

"El texto a continuación me fue solicitado por las autoridades del turismo, en aquel entonces, de nuestro país. Se realizo la entrega, y después no se supo más. El texto debería ser recompensado con una suma de dinero la cual nunca llego a mis manos, ¡QUE CONSTE!"

LA FAMILIA OSA Y SU AVENTURA TURÍSTICA EN HONDURAS: TEATRO PARA TITERES EN CINCO JORNADAS

(Inédito).

(Remy Osa y su familia (esposa e hijo) llegan como turistas a Honduras. Entran en su automóvil por una de las aduanas terrestres).

Coro: VAMOS A LAS PLAYAS
QUE VIVAN LAS RECREACIONES
VAMOS PARA HONDURAS
PAIS DE VACACIONES

Remy: *(Dirigiéndose al público)* ¿Es cierto lo que dicen, que en este país, las gentes son buenas y las playas son de una arena que parece azúcar?

El Público: *(Responde)*

Dorothy: ¿Es cierto lo que dicen, que en este país las gentes son maliciosas, perezosas y los ríos tumultuosos?

El Público: *(Responde)*

Junior: ¿Es cierto lo que dicen, que hay dulce de nances, caramelos de leche y piedrecillas de todos los colores?

El Público: *(Responde)*

Remy, Dorothy y Junior: Vamos a ver si todo lo que cuentan es verdad o mentira.

*(Aparece un rótulo que dice: **FRONTERA**, el automóvil se detiene).*

Remy: *(Dirigiéndose a su familia)* Me esperan un momento, ya regreso *(al público)*. Mientras arreglo los papeles me cuidan a la familia, por favor... ¡Oyeron!

El público: **(responde, Aparece el aduanero).**

El aduanero: *(Con voz ruda)* Son veinte lempiras por persona y ciento cincuenta por el carro.

Remy: ¡Úpale!... En el consulado me han dicho que tendría que pagar cien lempiras por todo... Usted me cobra ciento setenta... No entiendo.

El aduanero: Las leyes han cambiado, ahora se paga lo que le estoy diciendo... Es tarifa doble por ser fuera de turno.

Remy: ¿Puede mostrarme la ley, por favor?

El aduanero: *(Siempre rudo)* ¿Cómo? ¿No ve que son órdenes recibidas por teléfono? Nosotros no podemos hacer nada... Órdenes son órdenes. Si quiere vaya donde el jefe, él le explicará *(Salen)*.

Dorothy y Junior: ¡Uf, qué calor...! Abre la ventana, Junior... ¿Por qué Remy tardará tanto?... ¡Uf, qué calor! **(Mira al niño, que duerme)** ¡Qué horror, el niño se está asando! **(Lo despierta)** ¡Junior, Junior...! Mejor salgamos. Iremos a ver qué pasa con Remy... *(Salen).*

(Remy y el Aduanero entran).

Dorothy:	¿Qué pasa, Remy?, Este calor me quema los cueros... ¿Por qué tardas tanto?
Remy:	Nos cobran más de lo que nos habían dicho, el doble..., quise hablar con el jefe, pero no está en la oficina, traté de llamar por teléfono y el aparato está malo... En fin...
Dorothy:	*(Dirigiéndose al aduanero)* ¿Y eso por qué, mister?
El aduanero:	Ya le expliqué al señor... Aquí se respetan las reglas, ¡porque si no...! Si no lleva los papeles en regla, valga la redundancia, le pueden decomisar el carro... y ultimadamente, si no quieren ingresar al país, pues no ingresen, a mí me vale *(dirigiéndose al público).* ¿No es cierto que a nosotros los hondureños nos vale?
El público:	*(responde)*
Dorothy:	Regresémonos Remy... ¡Uf, qué calor! Al fin de cuentas las playas son iguales en todos lados... Si así es la gente de este país, mejor vamos a otra parte *(dirigiéndose al público)* ¿Qué dicen ustedes, nos regresamos o nos quedamos?

Remy:	Espérate mi amor, no te sulfures... Le pagaré al señor *(dirigiéndose al aduanero)*. Pero déme los recibos los necesito para probar mis gastos.
Dorothy:	¡Uf, qué calor!... Y siguen con que dale que dale y raca que raca... Los papeles, Dios mío, los papeles *(Se percata de que el niño ha desaparecido)* ¿Y el niño? ¡Ay, Dios mío!... ¡Junior, Junior...! *(Sale)*.

(El aduanero recoge un papel del piso, le hace un recibo cualquiera y se lo entrega al señor).

Remy:	Pero este papel no lleva sello, nada oficial encima.
El aduanero:	Los talonarios están con llave, ya se lo dije, son horas inhábiles.
Remy:	Bueno, aquí tiene... ¡Qué calor, caramba!... Sepa, señor, que haré el reclamo del caso en las oficinas que correspondan... Por algo existe un Ministerio de Turismo en este país... Veremos si funciona. *(Se percata de que su señora y el niño no están)*. ¡Junior... Dorothy... Junior... Dorothy! *(Sale)*.
El aduanero:	Que haga lo que quiera, aquí mandamos nosotros... Somos catrachos, el pueblo más macho *(al público)*. ¿No es cierto que aquí mandamos nosotros? *(Sale)*.

(Aparece una señora del pueblo con el niño de la mano).

La mujer del Pueblo: Venga, mijito, no llore, ya encontraremos a sus papis... no llore... *(Lo consciente, le ofrece un dulce).*

Junior: Papi... mami... *(Trata de llorar).*

(El señor y la señora entrando).

Dorothy: Junior, mi nene..., mi muchachito..., mi terroncito..., mi amorcito...

Remy: *(Interrumpiendo)* Bueno... Ya lo encontramos *(Dirigiéndose a la mujer del pueblo)* ¿Para dónde lo llevaba?

La mujer del pueblo: ¿Cómo que a dónde lo llevaba? Estaba casi en la mitad de la carretera, solito el pobrecito..., preguntaba por sus papis.

Remy: Muchas gracias... ¿Usted no es de aquí?

La mujer del pueblo: Sí, señor... Soy pura catracha.

Remy: Te fijas, Dorothy..., no todos son como aquel que dijimos... Sigamos el viaje.

Junior: Sí, sigamos y llevémosla a ella con nosotros *(Señalando a la mujer).*

La mujer del pueblo: No puedo, mijito, tengo que atender el puesto de ventas que tengo en la carretera.

Dorothy: ¿Y qué es lo que vende, señora?

La mujer del pueblo: Artesanías de barro.

Junior: Venga con nosotros... Venga con nosotros...

Remy: ¿Artesanías? Nos habían dicho que no había nada de eso en este país.

La mujer del pueblo: Pues les mintieron... Mi esposo, yo, y muchos en el pueblo hacemos lindas cosas.

**Junior, Dorothy
y Remy:**   Vamos a ver..., vamos a ver...

Todos: VAMOS A LAS PLAYAS
QUE VIVAN LAS RECREACIONES
VAMOS PARA HONDURAS
PAIS DE VACACIONES

(Salen todos).

II
EN LA CARRETERA

(Continúan las aventuras de la familia Osa. El automóvil rueda).

Junior: Papi, Mami..., paren... Estoy que ya me hago... ¡Paren!

Remy: Aguántate un poco, mijo... No veo dónde, por aquí.

Dorothy: Pero, detenéte, hombre... ¿No ves qué ya se hace?

Junior: Ya me hago, papi...

Remy: Zoque un poquito, mijo... Aguántese *(El niño se retuerce).*

Dorothy: Pero, por Dios... ¡Este niño ya se hace!

Remy: *(Aumenta la velocidad)* Pero tiene que esperar... En la carretera no se puede hacer *(Divisan un cartel que dice: COMEDOR AQUI ME QUEDO. Frenan).* Ahí puede ir el niño, a ese restaurante.

(La señora y el niño bajan apresuradamente del automóvil, corren hasta el restaurante. Entran apresuradamente. Aparece el dueño).

Dorothy: *(Hablando rápido)* Señor, por favor, ¿dónde está el servicio? *(El niño aprieta todo lo que puede).*

Dueño: *(Apenado. Habla muy lentamente)* Bueno. El servicio... Lo que pasa es que el hoyo se ripió..., y bueno... *(Mirando para afuera)* Ahí pueden ir, miren..., al lado de la mata..., ahí por donde va ese animal...

Dorothy: *(Desesperada)* ¡Qué barbaridad! ¡De todas maneras, gracias! **(Sale corriendo hacia el carro dirigiéndose al marido)** Vamos, Remy, apúrate, busquemos otro sitio que el "Aquí me quedo" no tiene inodoro. ¡Apúrate, Remy, por el amor de Dios!

Remy: ¡Calma, mujer! Para todo hay solución... Ya encontraremos dónde...

Dorothy: ¡Cómo que calma! ¿No ves que yo también estoy que me hago?

Remy:

¡Tú también! A mí también me están entrando deseos *(Arranca el automóvil, aumenta la velocidad. Aparece otro aviso: RESTAURANTE AIRES DEL NORTE. Detienen la marcha. Salen apresuradamente, llegan al restaurante. Aparece el dueño).*

Remy y Dorothy:

¿Dónde están los servicios, señor?

Dueño:

Bueno... Ahí hay unos afuera..., pero están ocupados... Les prestaré los de aquí adentro, los que usa la familia... Son mejores... *(Llamando)* ¡Juana, Juana! *(Aparece Juana)* Entrégale las llaves del inodoro a la señora. Indícales dónde está. *(La señora y el niño se retuercen).*

Juana:

¿Las llaves? No las tengo yo... Doña Irene las tiene.

Todos:

¿Cómo?

Juana:

Voy a ir a pedírselas.

Dueño:

(A Juana) No te dije que estas llaves tenían que estar siempre colgadas... Espera que iré yo mismo a buscarlas... Con ese paso que tienes no volverás a tiempo *(Mira al señor, a la señora y al niño, que se sientan y se retuercen).* Ya regreso. *(Sale corriendo y regresa rápidamente, guía a la familia al inodoro. Les abre la puerta. Los tres entran apresuradamente. El dueño se dirige al público)* ¡Pobres!... Ojalá

hayan llegado a tiempo ¿Ustedes qué creen... que sí o que no?

(El señor, la señora y el niño aparecen).

Dorothy: ¡Púchica...! Casi, casi que... ¿Te sientes bien, Junior?

Junior: Y usted, mami, ¿cómo se siente?

Dorothy: *(Apenada)* Bien, hijo, bien.

Remy: ¡Qué descanso!... ¿Qué les parece si comemos aquí, en este restaurante?

Junior y Dorothy: ¡Sí, comamos aquí, comamos aquí!

Dorothy *(A Remy)***:** ¿Te fijaste en el inodoro cómo estaba de limpio?

Remy: Así debe ser todo en esta casa *(Al dueño)* ¿Tiene comida, señor?

Dueño: Si, señor, lo que guste. Siéntense, por favor. ¿Desean tomar algo antes de comer?

Dorothy: Yo quisiera una cerveza.

Dueño: Sí, señora. Tenemos imperial, nacional y salva vida.

Dorothy: Tráigame una salva vida.

Remy: Yo, un whisky.

Junior: Yo quiero comer.

Dueño: Aquí tiene la carta, niño. Pida lo que quiera. Estamos para servirle.

Remy *(Al dueño):* ¿Dígame..., ¿y esas cosas que se ven ahí en los mostradores son para vender?

Dueño: Sí, señor... Sombreros, sandalias, carteras, dulces, frutas, pan, rosquillas, todo está a la venta.

Dorothy (Al marido): Bueno, primero la comida, después miremos lo otro, ¿okey? ¡Tengo un hambre...! *(Ríe).*

Remy: ¡Pues a comer se ha dicho!

(El dueño toma la orden uno por uno. Nadie habla. Todos hacen gestos. Los clientes piden, el dueño anota. Piden varios platos. El ambiente es de simpatía y confianza. Sonríen. Toda esta última escena es mimada finaliza, agradecen, pagan, regresan al automóvil)

III

DE COMPRAS

(Continúa el maravilloso viaje de la familia Osa por tierras hondureñas...)

(Pasan por bellos parajes. Se suceden durante el trayecto diversas escenas: un animal se atraviesa, compran frutas en el camino, etc. Se deja a criterio del director y los actores crear los conflictos que crean más ajustados a sus propósitos. A guisa de ejemplo, presentamos los siguientes **el automóvil se detiene en un puesto de frutas. Dorothy baja a comprar.** *Acercándose, observa las frutas puestas en una mesa. Las moscas revolotean alrededor).*

Vendedora 1: Cómpreme, señora... Compre usted... No he vendido nada en todo el día... Venga, se las doy baratas... Vaya, compre... A lempira la docena... Hasta por 75 centavos... Vaya, que no he vendido nada en todo el día.

Dorothy:	*(Para sí misma y al público)* Pero qué suciedad, por Dios..., qué mosquero... ¡uy!
Vendedora 1:	Compre, señora... hasta por 75... vaya...
Dorothy:	*(Embarazada por la situación)* No, gracias *(Intenta regresar al automóvil; aparece otra vendedora).*
Vendedora 2:	Aquí tiene, señora..., mangos de Pespire, ciruelas coronas y naranjas piñas de la costa, sandías y papayas del sur, membrillos de Intibucá, nances de Tegus, anonas de Sabanagrande... ¡Acérquese! Bien envueltas, en su bolsita, limpiecitas... Acérquese.
Dorothy:	¿A cómo la docena?
Vendedora 2:	A un lempira con veinticinco.
Dorothy:	¿A un lempira con veinticinco? Pero si en el puesto de al lado me la dan a setenta y cinco centavos...
Vendedora 2:	Pero es que no es lo mismo...
Dorothy:	¿Y no es la misma fruta, pues?
Vendedora 2:	*(No contesta, se encoge de hombros y sonríe).* Bueno, hasta por uno con quince... No menos.

| Dorothy: | *(Hace el mate como de irse hacia la primera vendedora. La segunda vendedora se queda callada. La señora duda entre una y otra. Se dirige al público).* ¿A cuál de las vendedoras debo comprar? Esta me da la docena a uno con quince y esta otra a setenta y cinco centavos... ¿A dónde voy? Aunque ¡sucitas! comprare las más baratas... Así me ahorro *money (se dirige a la vendedora. Se detiene, reflexiona, se dirige al público).* ¿Ustedes sí creen que comprando aquí ahorro *money? (Señalando a la primera vendedora)* ¿Le compro a ella? *(Viendo la mesa de la primera vendedora).* ¡Uy, no..., pero qué sucio...! Se me puede enfermar Junior... Y si le da diarrea a Remy, él que maneja tanto... ¡Uy, ni quiera Dios...! Tendremos que ir al médico, comprar medicinas, mucho papel higiénico, ¡oh, no, ni pensarlo! Mejor trato con la otra *(Se dirige a la segunda)* ¿Si le compro todo me da más barato? |

Vendedora 2: Bueno, hasta por uno con diez, por ser usted.

Vendedora 1: *(Al público)* Llévenlas hasta por setenta y cinco... Baratas y buenas, ¡hasta por setenta y cinco! *(sale)*

Dorothy: *(Compra todo a la segunda. Se lleva su compra para el carro en donde esperan el señor y el niño).* ¡Qué frutas más limpias, más ricas y más lindas! Tenga, mijito, tengan mis amores *(Reparte entre los tres).*

| **Todos:** | *(Comiendo)* ¡Qué sabroso! ¡Qué cosa más rica... humm, humm, humm! *(se chupan los dedos y hacen gestos de placer)*. |

| **Junior:** | Mami, papi... Yo quisiera ir a Tegus, a Intibucá, al Sur, a la costa, a buscar estos mangos, estas anonas, estos nances, estas naranjas, ¿vamos a ir? |

| **Remy y Dorothy:** | Sí, vamos a ir, si no es en este viaje, será en el próximo... Pero te prometemos ir. |

| **Dorothy:** | *(Al publico)* Francamente, haber venido aquí *is very interesting...* La envidia que tendrán mis amigas cuando sepan que probé estos mangos increíbles que llaman de Pespire... |

| **Remy:** | Pronto, vamos, que cae la tarde... Quiero llegar a las playas mañana tempranito... ¡Vamos! |

(Los tres suben al carro y continúan su viaje).

IV

EN EL HOTEL

(La escena transcurre en el lobby de un hotel de primera categoría. El recepcionista está apoyado en el mostrador, revisa unas facturas).

| **Recepcionista:** | Buenos días, ¿en qué puedo servirles? |

| **Remy:** | Buenos días. Soy Remy Osa. Tengo reservado el cuarto 207. |

(Suena un teléfono).

Recepcionista:	Un momentito, por favor.... *(Atiende el teléfono).* Blue Moon Hotel, buenos días... No, el señor gerente no se encuentra... si quiere puede llamarlo en media hora... sí, un momentito que voy a tomar nota... ¿qué número me dijo?... sí, sí, pierda cuidado... adiós... *(Escribe en un talonario. Al terminar se vuelve hacia el turista).* Me dijo que tenía reservado el cuarto número... ¿qué número, señor?
Turista:	El 207....
Recepcionista:	Permítame, *(ve el libro de reservaciones, Se acerca un botones).*
Botones:	Señor, discúlpeme, pero el capitán de Botones no está y hay que bajar las maletas de un cuarto, pero no me dijeron de cuál. ¿Puede fijarse qué pasajero está por salir?
Recepcionista:	*(A Remy)* Discúlpeme un momento... *(Al Botones)* se van tres pasajeros... a ver... a ver... déjeme fijarme... *(Consulta el libro)* debe ser el señor de la 411 y si no es él, debe ser el matrimonio de la 501...
Botones:	Gracias... *(Sale)*
Recepcionista:	Nuevamente le pido disculpas, pero hoy es una mañana de mucho movimiento. Veamos las reservaciones... *(Toma el libro).*

Dorothy: *(Acercándose con Junior)* ¿estamos listos, querido?

Remy: No querida, parece que en este hotel hay mucho movimiento...

Dorothy: Mientras sólo sea eso... *(Se alejan).*

Remy: *(un poco ansioso)* ¿Encontró? Hice la reservación hace unas cuatro semanas...

Recepcionista: *(Leyendo)* Anacleto Benavidez, 5 de abril al 11... No... Sinforoso Castilla, 7 de abril al 14... No... *(Suena el teléfono)* **Blue** Moon Hotel, buenos días... sí, querida, pero ahora no puedo atenderte... *(Mientras tanto, el turista comienza a pasearse nervioso)* sí, sí, te llamo más tarde... ahora estoy con un cliente, hasta luego... no, no, te digo que no... *(Regresan Dorothy y Junior)* te llamo luego... *(Corta).*

Remy: *(al público)* ¿Y este qué hace ahora? ¿Con quién está hablando? ¡Ay, qué paciencia!

Dorothy: Remy, ¿terminaste? El nene quiere ir a la piscina...

Remy: Ya se desocupó, vamos a ver ahora...

Otro turista: *(Al recepcionista)* ¿Señor podría cambiarme por dos monedas de diez para el teléfono?

Recepcionista: Tiene que pedir en la caja, señor. *(Mirando el libro)* íbamos por aquí... *(Regresa el otro turista)*

Otro turista: *(Al recepcionista)* En la caja no tienen monedas de diez. ¿Podría cambiarme una por dos de a cinco?

Recepcionista: *(Se fija)* No, no tengo, señor.

Otro turista: *(A Remy)* ¿Usted no tendrá una moneda de diez, señor?

Remy: No, vengo llegando, no tengo monedas.

Otro turista: ¡Qué lástima! *(sale)*

Junior: Mami, ¿vamos a la piscina?

Dorothy: Ya, Junior, ni bien lleguemos al cuarto puedes ponerte tu traje de baño. Ahora quédate quietito un momento...

Recepcionista: Pedro Álvarez, no... Tomás Angulo, no... *(Sigue buscando).*

Junior: Mami, ¿el señor dijo una mala palabra? ¿Dijo bzzz?

Dorothy: No, nene, ¡dijo Angulo!

Recepcionista: ¡Aquí está! Remigio Guevara El, cuarto 207, del 8 al 12 de abril... A ver, ¿qué día es hoy? Ajá, hoy es 8... *(Mira el libro, mueve la cabeza, se pone nervioso)* ... este... verá usted...

Remy: ¿Qué pasa ahora? dígamelo rápido antes de que suene el teléfono de nuevo.

Recepcionista: Hem, este... Hay un pequeño problemita, pero no se preocupe que vamos a solucionarlo enseguida.

Remy: *(Irónico)* ¿Y cuál es el problemita, si se puede saber?

Recepcionista: Eh, le ruego no se alarme, pero el cuarto 207 está ocupado hasta mañana por la tarde....

Remy: *(A punto de estallar)* Ah, nada más que eso. El cuarto 207 está ocupado hasta mañana por la tarde... *(Enojado)* ¿Cómo que está ocupado? grrr...

Dorothy: Bueno Remy, no te pongas así. Te dije que mejor nos hubiéramos ido a Miami. Pero vos, dale que dale con Honduras. Todas mis amigas decían que era una locura, pero a ti, mijito, cuando se te mete algo en la cabeza *(Al público)* ¿Vio lo que son los hombres, señora? Y después se quejan de nosotras....

Recepcionista: *(Después de haber estado revisando los casilleros de las llaves).* Por favor, señor Guevara, les ruego que esperen un momento. ¡Enseguida arreglamos cstc problemita! Ah, justamente aquí llega el gerente *(Lo lleva aparte y le comenta bzzz y bzzzz, mueven mucho los brazos, regresan).*

Gerente: Estoy enterado del pequeño inconveniente surgido y le presento mis excusas en nombre del Blue Moon Hotel.

| **Remy:** | Permítame decirle, señor gerente, que esto es bochornoso. No me ha pasado nunca antes y... *(Casi gritando)* |

| **Gerente:** | Entiendo su disgusto, señor Guevara, pero como aquí estamos para servirle, le ruego que, si desean pasar un momento al salón comedor y consumir lo que quieran, por cuenta del hotel por supuesto, en un momento le resolveremos el problema. |

| **Remy:** | Así me gusta, usted dijo resolver, porque si no se resuelve el asunto del alojamiento, le puedo asegurar... grrrr... |

| **Gerente:** | *(Interrumpiéndolo)* Por favor, por aquí, señor, señora, niñito, tan bonito, ¿cómo te llamas querido? *(Salen).* |

(En el salón comedor. La familia está sentada en una mesa. El mesero cruza el escenario y entretanto se dirige al público).

| **Mesero:** | Umm, ya el recepcionista comento y parece que los clientes están un poco enojados, que digo un poco, están enojadísimos. *(Canta)* "Mesero que atiende bien al viajante, recibe propina abundante"... |

(Acercándose a la mesa).

| **Mesero:** | ¿Qué se van a servir los señores? |

| **Dorothy:** | Yo quiero un cocktail de frutas tropicales. ¿Qué frutas le ponen? |

Mesero: *(Un tanto confuso)* Verá usted señora; el cocktail de frutas Blue Moon no es exactamente de frutas tropicales, no *(Dándose importancia)*, lleva manzanas y duraznos de California, higos persas, ciruelas japonesas, naranjas brasileñas y todo ello cubierto con crema francesa.

Remy: Ah, no, entonces no. Nosotros queremos un cocktail de frutas del país. Las otras las comemos en casa todos los días...

Mesero: Ehmm, lo siento señores. Lo que pasa es que este es un hotel de primera categoría y servimos comida internacional, ahora que...

Dorothy: Remy, te dije o no te dije que mejor nos hubiéramos ido a Miami. Mirá que venir a los trópicos y no poder saborear un cocktail de frutas tropicales como esas que salen en las revistas. ¡Cuándo se lo cuente a mis amigas!

Mesero: No, señora, no se preocupe. Si usted está deseosa de saborear un cocktail de frutas tropicales, con gusto se lo preparamos para el almuerzo, mientras tanto les puedo ofrecer...

Junior: Yo quiero un *ice cream* de chocolate...

Remy: Está bien, tráiganos un *ice cream* de chocolate a cada uno.

Dorothy: Y no se olvide del cocktail de frutas para el almuerzo...

Mesero: A la orden. *(Al cocinero, gritando)* Marchen tres *ice cream* de chocolate para la mesa 4.

Dorothy: ¡Ay, qué calor! Qué pasará con el alojamiento. Si me hubieras hecho caso ahora estaríamos en el OVNI de Miami... *(Suspira)* Ay, lo que se van a reír mis amigas cuando les cuente... no, mejor no les cuento...

Remy: ¡Pero mujer, ya dijeron que todo se va a arreglar!

Dorothy: Hummmm!

Mesero: *(Llega con los helados)* Servidos los señores.

Remy: ¿Cuánto le debo?

Mesero: Nada señor, es cortesía del hotel, por las molestias ocasionadas...

Remy Gracias, aunque si no arreglan lo del alojamiento, grrr

Gerente: *(Acercándose)* Por un lamentable error el cuarto 207 estará ocupado hasta mañana por la tarde, pero siguiendo nuestra norma de satisfacer a nuestros clientes, he pensado que tal vez no tendrían inconvenientes en utilizar *(enfatiza)* la suite presidencial ubicada en el último piso, con vista a las montañas, hasta que se desocupe el cuarto 207, por supuesto, sin pagar un centavo más.

Dorothy:	Oh, sí, Remy... Cuando les cuente a mis amigas no lo van a poder creer, voy a tomar fotografías y todo desde la ventana...
Remy:	*(Disimulando su alegría)* De acuerdo, señor gerente. ¿Viste Dorothy que valía la pena venir a Honduras?
Dorothy:	Jamás dije lo contrario, querido. Todo el mundo va a Miami, pero ¿quién viene a Honduras y se aloja en la suite presidencial de un gran hotel? ¡Ay, cuando se lo cuente a mis amigas, se van a poner verdes de envidia...!
Gerente:	Permítame acompañarlos. Por aquí *(Salen).*
Remy:	*(Regresando)* ¡Mesero!
Mesero:	¿Señor?
Remy:	*(Alargándole un billete)* Sírvase, para usted.
Mesero:	No, señor; ya le dije que es una atención de la casa por...
Remy:	Tome hombre, el *ice cream* estaba exquisito y además... ¡por fin empiezan mis vacaciones en Honduras! *(Sale).*
Mesero:	Gracias, señor. *(Al público)* Y es como yo siempre digo: *(Canta)* ¡mesero que atiende bien a los viajantes, recibe propinas abundantes!

VI

(La familia se dispone a realizar un "tour" por la ciudad. Solicitan información).

Remy: *(Al informador del hotel)* Podría darnos una información, queremos salir a conocer la ciudad y...

Dorothy: *(Interrumpiendo)* ¿Hay salón de belleza cerca de aquí?

El Informador: Sí, señora, después del pasillo a la derecha

Remy: Quisiéramos conocer la ciudad y...

Dorothy: ¿Y tiendas de cosméticos?

Informador: Sí, señora, después del pasillo a la izquierda, ahí encontrará lo que desea.

Remy: Alguna información acerca de...

Dorothy: ¿Cadenitas, anillos, aretes de oro y plata?

Remy: ¡Párala, Dorothy..., no me dejas hablar!

Dorothy: ¡Hum... hum...! Quédate con Júnior... Regreso pronto *(Sale).*

Informador: Decía usted, señor...

Remy: Tenemos sólo pocos días... Mañana iremos al mar... ¿Cuáles son los sitios interesantes para visitar?

Informador:	Bueno... Déjeme ver... Tenemos el Boulevard Morazán, el parque Morazán, el paseo peatonal de la Plaza Morazán, la escuela Francisco Morazán, El obelisco, La Leona... el palacio de los ministerios, el palacio legislativo, el palacio de comunicaciones, el palacio presidencial.
Junior:	¿Esos palacios son de verdad?
Informador:	Bueno... Sí..., bueno...
Junior:	¿Dónde está el zoológico... y el museo?
Informador:	El museo... Déjeme ver... Bueno, sí, hay uno que llaman de... cómo se llama de... A ver... ¡Ah, sí, ya sé... de topología... algo así... Es muy bonito y en cuanto al zoológico... bueno... el zoológico, eso sí que... *(Dirigiéndose al otro trabajador)*

(En ese momento pasa otra persona que trabaja en el hotel).

Informador:	Un momentito... mira... ¿dónde están el museo y el zoológico?
El otro informador:	¡Ah, el circo para que el niñito se divierta!
Junior:	Sí, sí... el circo... quiero ir al circo.
El informador 1:	No, ellos preguntan sobre el zoológico... el museo.
El informador 2:	Mira, vos... realmente... bueno, yo lo que sé es que en el parque la concordia

hay unos animalitos... Pero para estar seguros... llamemos a la gerencia.

Remy: ¿A la gerencia?

Dorothy: *(Regresando con algunas compras, pregunta al informador 1)* ¿Cuál es el clima y la temperatura de hoy en la ciudad?

Informador 2: Bueno... ahora hay sol por la mañana y llueve de vez en cuando por la tarde.

Dorothy: ¿Y la temperatura?

Informador 2: Eso... sí que...

Informador 1: Un momentito..., déjeme preguntar *(Levanta el teléfono)* ... Aló... sí... ¿información? .... No contestan... un momentito *(marca nuevamente, tampoco responden)* Un momentito, por favor... está ocupado... *(Marca nuevamente)* ¡Ah!... hoy sí... está sonando *(Espera un buen rato... responden)* Señorita, ¿dónde puedo llamar para averiguar la temperatura?... ¿cómo? ¿que llame al hospital escuela?... no, nadie está enfermo, señorita... quisiera saber sobre la temperatura de la ciudad... señorita, por favor... aló... aló... algo pasó... se cortó la llamada... un momentito por favor... *(La familia espera y ve con impaciencia. En ese momento aparece el gerente del hotel, el informador lo solicita).* Dispense, don Gerardo, los señores preguntan sobre el museo el zoológico y la temperatura de la ciudad.

El Gerente:	Bueno, sería bueno que llevaran suéter... Por las tardes siempre hace un poco de friíto.
Dorothy:	*(Sorprendida con la respuesta)* ha... ha...
El Gerente:	Pero vamos a informarnos mejor... *(Al informador)* Pregunte a información cuál es el número donde dan esa información.
El informador:	Ya pregunté, señor, y me contestaron que en el hospital escuela
El Gerente:	Una equivocación... busque en el directorio *(El informador busca).*
El Gerente:	*(Dirigiéndose a la familia)* En cuanto al museo... y al zoológico...
El informador 1:	No está, señor gerente... no está en el directorio.
El Gerente:	*(Un poco impaciente)* Bueno... Llame a mi secretaria y pregúntele... *(A la familia)* Bueno... cómo les decía, tenemos una oficina de información turística donde ustedes pueden averiguar todo lo que desean.
Remy:	Nos gustaría conocer sobre el país... sus costumbres... sus gentes... Dígame... qué porcentaje representa la población india y negra...

(El informador 1 sigue tratando de llamar por teléfono).

El Gerente:	Muy poco... muy poco. No sé exactamente, pero muy poco... le aseguro que muy poco.
Dorothy:	¡Qué lástima...! A nosotros nos gusta lo exótico.
Remy:	A mí me interesan aspectos de esas culturas.
El Gerente:	Bueno... claro que tenemos... por supuesto... Los indios de la flor son bien interesantes... se mueren cuando les da gripe... Los negros... es decir, los morenos... viven en la costa... son buenos para bailar y les gusta la brujería.
Dorothy:	¡La brujería! Qué interesante eso...
Informador 1:	Ya estuvo, señor... Es el 196
El Gerente:	Bueno... pues llame y pregunte...
Remy:	Y para ir a la oficina de Turismo, ¿cómo se hace...? ¿Tienen un mapa de la ciudad?
El Gerente:	Un momentito, por favor *(Dirigiéndose al informador)* Tráigales a los señores un mapa de la ciudad... *(A la familia)* En todo caso es muy fácil de dar... Puede ir en carro o a pie, es muy cerca.
Informador 2:	*(Regresando)* No hay, señor Gerente... como que se terminaron.

El Gerente: Bueno... En todo caso, como le decía... es muy fácil llegar... ¿cómo se van a ir, caminando o en carro?

Junior: En carro.

El Gerente: Bueno, en ese caso... bajan la cuesta... suben otra... llegan al parque... y ahí pueden preguntar... es muy cerca.

Remy, Dorothy Y Junior: *(sorprendidos)* Ham... ham...

Informador 1: *(A todos)* La temperatura actual es de 25 grados, la humedad relativa de 70 y habrá ligeros vientos por el nordeste.

Remy: Muchas gracias... Ya oíste, Dorothy... *(Dorothy se pasea por los pasillos del Hotel).*

Dorothy: ¿Qué?

El Gerente: La información que pedías sobre la temperatura.

Dorothy: ¿Cuál temperatura?

El Gerente: La de la ciudad... Que solicitaba usted hace poco.

Dorothy: Ah... Ah... Si habrá frió por la tarde.

Informador: La temperatura actual es de 25, la humedad relativa, 70, y ligeros vientos por el nordeste.

Dorothy: Ah... Ah.... Muchísimas gracias.

Remy: Gracias por todo... *(Van saliendo).*

El Gerente:	Un momento... Si ustedes lo desean, ya que el tráfico en la ciudad es algo complicado, uno de nuestros botones... los podrá acompañar.
Remy:	Muy amable... pero nos arreglaremos. **(Al informante)** Sólo indíquenos dónde queda el Ministerio de Turismo.
Informador 2:	¿El Ministerio de Turismo? ¿Por dónde queda, don Gerardo?
El Gerente:	¿No lo sabe?
Informador 2:	Bueno, creo que en el palacio de los Ministerios.
El Gerente:	*(Un poco colérico)* ¿Usted conoce dónde se encuentra?
Informador 1:	Sí, señor.
El Gerente:	Entonces... deje su trabajo e indíqueles con precisión a nuestros clientes...
Informador 1:	*(Alegre)* Sí, señor con todo gusto... *(A la familia)* Vamos.
La familia:	Vamos *(Salen)*.
El Gerente:	*(Al informador 2, de mal carácter)* Caramba... cómo es que no tienen toda esa información... Son ustedes quienes deben manejarla... Llame a Turismo para que nos manden folletos sobre el país... Pregunten si tienen algo sobre los morenos y los indios... la historia y todas esas cosas... Pronto... *(Sale furioso)*.

| **Informador 2:** | *(Toma el teléfono y marca un número...)* Aló, sí, ¿Ministerio de Turismo...? aquí el hotel Blue Moon... ¿podría enviarnos folletos sobre historia... cultura... mapas de la ciudad, etcétera, y todas esas cosas, etcétera? *(Oye la respuesta)* ham... ham.. Bueno... muchas gracias... *(Cuelga y marca un nuevo número al agente).* Para comunicarle que en Turismo dicen que ahorita no tienen... que esperan la firma del jefe para llevar la orden a la editorial... y el jefe anda fuera del país... *(Seguramente oye un insulto terrible del Gerente, se pone nervioso; mientras va escuchando, su rostro cambia).* Sí, don Gerardo... ¡cómo no, don Gerardo...! Así es, señor... disculpe usted... *(El telón va cayendo lentamente).* |

VII

UN TOUR POR LA CIUDAD

(La familia sale del hotel para conocer la ciudad).

Dorothy:	¡Ay, pero ¡qué pintoresca es la ciudad, qué clima, qué aire, ¡qué...!
Junior:	Mira, mamá, esos cerros... En medio de las casas... Es seguro que ahí habrá muchos pájaros.
Remy:	No, Júnior, el ruido de la ciudad los espanta, ellos prefieren vivir en el campo.

Junior: Pues entonces que prohíban el ruido... La ciudad también les pertenece a ellos, y también a las flores, al aire, al agua. *(Dirigiéndose al público)* ¿Verdad niños que una ciudad sin pájaros, sin flores, sin aire y sin agua sería muy triste?

El público: *(Contesta).*

Remy: Vaya, Júnior, no molestes a las gentes, que ellos bien saben lo que hay que hacer para que una ciudad les guste a los turistas. *(Dirigiéndose al público)* ¿Verdad que ustedes saben?

El público: *(Responde).*

Dorothy: Sigue por ahí, Remy... Mira que esas cuestas y esas casas colgadas de los cerros, qué original... qué pintoresco... ¡Ja, ja, ja...! Qué clima... qué tranquilidad... qué cosa... ¡Ja, ja, ja...!

Remy: Bueno, tú vas contenta porque sólo vas viendo... Si te tocara manejar por estas calles pintorescas... ya verías... *(El automóvil sigue circulando, al señor Remy se le dificulta cada vez más la conducción del vehículo. Se oyen pitos de carro continuamente, y se detiene el tránsito con frecuencia. El malestar empieza a invadir a los turistas).*

Dorothy: ¡Uf, qué calor, qué malestar y qué ruido...! *(Los pitos continúan su ensordecedor ruido, un automóvil pasa frente al carro de la familia).*

El automovilista:	*(Dirigiéndose a Remy)* ¡Manudo... viejo pendejo...! Para manejar aquí hay que tenerlos bien puestos y rayados *(El otro automóvil pasa).*
Junior:	Te dijo cagado, papi...
Remy:	No, hijo... dijo manudo.
Dorothy:	¿Y eso qué quiere decir?
Remy:	Yo no sé...
Dorothy:	Voy a buscar en el diccionario *(Busca en el diccionario).* A ver... la letra M.... manual Manuel... Mónica... M.... no... no está... A saber, qué querrá decir... Pero por la cara que puso... no creo que sea un piropo.
Remy:	Bueno... no tiene importancia... Los machos del volante se ven también en otros países.

(Otro automóvil se aproxima, en dirección contraria).

Otro automovilista:	*(Dirigiéndose a Remy, amablemente)* Señor, va en contravía... Apúrese antes que venga el tránsito...
Remy:	No me di cuenta.
Dorothy:	Ni yo tampoco, por ir viendo el diccionario *(se oye un pito fuerte).*
Otro automovilista:	*(Mirando al agente de tránsito que se aproxima)* ¡Huy, huy... ya los fregaron...! Ahí viene el agente... cuidado con la mordida. ¡No se

dejen...! Buena suerte *(se aleja velozmente).*

Dorothy: Pero si nosotros somos pacíficos turistas... *(Al público)* Ni perros que fuéramos para morder.

El agente: Muéstreme sus papeles... *(Remy entrega)* Ha cometido una infracción, señor. Está en contravía.

Dorothy: *(Algo coqueta)* Pero no lo vimos, señor agente... Las señales casi no se ven...

El agente: *(Bajando un poco el tono)* Pero si está muy clara la señal; mírela, ahí está *(señalando).* Tendré que llevarlos a la estación.

Remy: Pero, señor, sólo tenemos un día para conocer esta ciudad... Somos turistas.

Dorothy: Discúlpenos, señor agente... *(Coqueta)* Usted sabe... uno en una nueva ciudad... ¡se confunde tanto!

El Agente: Bueno, usted sabe... yo no quiero perjudicarlos... Tengo órdenes... y si uno no cumple... ¡Ajá!... ¿qué le pasa a uno...? Lo friegan todo... *(Mirando a Remy)* ... Regáleme un cigarrillo, por favor...

Dorothy: *(Apresurándose)* Tenga, señor agente...

El agente: Bueno, póngase un poco más adelante para que hablemos *(El automóvil se aparca más adelante).*

El agente:	Pues, como les decía... si uno no cumple... ¡ajá! no, hombre... después quedan los periodistas hablando... de uno... y, bueno ¿qué pasa...? Que dicen que por aquí que por allá... que uno es... ¿Me entiende...? Es que la vida está muy difícil... y entonces, bueno... ellos dicen que uno... ¡Usted comprende...! *(Mirando a Dorothy)* Regáleme otro cigarrillo, por favor... para más tarde *(La familia no entiende nada de lo que está pasando)* Bueno... sí están con prisa... no vamos a la estación... lo que pasa es que a uno por ser bueno lo friegan todos después... que por aquí que por allá. Todo eso... *(La familia continua sin entender. En ese momento llega otro agente, ve el coche estacionado y al agente con la esquela en la mano).*
Agente 2:	*(Dirigiéndose al primer agente)* ¿Qué sucede, vos?
Agente 1:	No ves, pues, en contravía...
Dorothy:	*(Dirigiéndose al agente 2)* Buenos días, señor agente.
Agente:	Buenos días, señora...
Remy:	*(Dirigiéndose a los agentes)* ¿Qué hacemos, señores? Tenemos prisa, no nos queda mucho tiempo para conocer la ciudad... Mañana salimos para el mar.
Agente 2:	Préstame los papeles *(El agente 1 se los entrega).*

Agente 1: Lo que pasa es que hay una infracción y ustedes saben que en todas partes existe la ley...

Agente 2: ¿Cuándo entraron al país?

Remy: Hoy mismo... Estamos en el hotel Bloo Moon.

Agente 2: ¿Y cuál es el motivo de su viaje?

Dorothy: Conociendo... visitando...

Dorothy: *(Al agente)* Usted comprende, no somos de aquí... la señal no se ve fácilmente... un hombre le gritó a mi Remy "cagado", "manudo" o algo así. Yo leía el diccionario..., el niño dormía..., en fin...

Agente 1: ¡Pero cometieron la infracción!

Agente 2: Pero es que son turistas, vos... Acordáte lo que nos dijeron en la escuela del cuartel... Déjalos ir, hombre... es la primera vez y...

Agente 1: *(Mirando al Agente 2)* ¿y entonces... aquello?

Agente 2: No, hombre... los visitantes merecen lo mejor... Pueden irse... La próxima vez tengan más cuidado... Pueden continuar *(Devuelve los papeles)*.

Dorothy: *(Ofreciendo al agente 2)* ¿Fuma usted?

Agente 2: No, gracias, señora... ¿Para dónde van ustedes...?

| **Remy:** | A la oficina de Turismo... a buscar información. |

| **Agente 2:** | Los acompañaré... para que no tengan problemas de tránsito. |

| **Dorothy:** | Gracias, agente... gracias... *(El agente se monta en el carro)* |

| **Remy:** | *(Al público)* ¿Creen ustedes que el agente debe acompañarnos? |

| **Público:** | *(Responde)* |

| **Agente 1:** | Bueno... ¡está bien! *(Sale)* |

(Salen en el carro, acompañados del agente 2. Este los guía por la ciudad hasta que llegan al Ministerio de Turismo).

| **Agente 2:** | Aquí es, miren... Pueden parquear ahí a la izquierda... *(Estacionan).* |

| **Dorothy:** | ¡Qué amable es usted, señor...! *(Busca algo en la cartera)* Quisiera darle este presente... como un recuerdo... |

| **Agente 2:** | No, señora, muchas gracias... le agradezco, pero no... No puedo aceptar... |

| **Remy:** | Pero, hombre... es un regalo de nuestra parte... no tenga pena... |

| **Agente 2:** | Gracias... pero el interés que tengo es el de mi país... Lo he hecho sin interés... nada más por el país... no, gracias... |

| **Remy:** | Hombre, no sea penoso... tómelo... |

Agente 2:   No..., de veras...

Dorothy: Entonces, espérenos... Vamos a turismo y nos tomamos un fresco.

Agente 2:   Gracias, pero estoy en turno...   no puedo...

Remy: Bueno, dénos su nombre y sus datos para escribirle a sus superiores e informar sobre usted...   podemos invitarlo más tarde... después de su turno.

Agente 2:   Bueno, es... Me llamo Eulalio Pérez... mi número es... *(La familia entra a la oficina de Turismo, el agente 2 se desplaza y se encuentra con el agente 1).*

Agente 1:   Pero, hombre, vos sí que fregaste... Te metiste en mis cosas.

Agente 2:   Pero no ves que son turistas... acaban de llegar al país.

Agente 1:   A mí qué me importa, yo no tengo dinero... necesito comprarles leche a mis hijos.

Agente 2:   Sí, hombre, pero hay otras maneras...

Agente 1:   ¿Cuáles...? ¡Decíme..., siendo uno agente!

Agente 2:   Bueno, yo no sé... lo único que sé es que el país está muy pobre... y necesitamos la plata que traen los turistas...

Agente 1:   Pero de esa plata a mí no me dan nada...

Agente 2:   Porque hay muy pocos... si hubiera muchos, sería distinto.

Agente 1:   Con muchos o con pocos, es lo mismo...

Agente 2:   No, hombre, no es lo mismo... preguntémole al público para que mires... *(Al público)* ¿Ustedes qué opinan...? ¿Ustedes creen que si vienen millones de turistas mejorará la vida de este agente y su familia?

Agente 1:   *(Al público)* ¡Digan que no... digan que no!

El público   *(responde)*

Agente 2:   A ver, ¿usted por qué dice que sí...? ¡Explique...!

El público: *(Explica).*

Agente 1:   *(Al público)* A ver, usted amigo, que está de mi parte, cuando dijo que no.... ¡ayude, explique... apúrese por favor...!

El Público: *(Responde)*

Agente 2:   *(Al público)* Ahora yo le voy a explicar cómo es el asunto... Si hay muchos turistas... entonces... *(La familia Osa sale de la oficina de Turismo y en su automóvil cantan, van saliendo todos).*

Familia: VAMOS A LAS PLAYAS QUE
VIVAN LAS RECREACIONES
ESTAMOS EN HONDURAS PAIS
DE FELICES VACACIONES

FIN

TEGUCIGALPA, M.D.C, 1982

"SKECHETS" SOBRE EL MACHISMO Y EL PATRIARCADO

Introducción

Durante el año 1995 con jóvenes adolescentes que habitaban en el barrio "El Manchen" de la ciudad de Tegucigalpa se realizó el montaje de una obra escénica llamada "Nadie es capaz de mentir" o "El caso Riccy Mabel". Durante ese hacer y con el objetivo de desarrollar la creatividad en el grupo de actrices y actores adolescentes se crearon escenas improvisadas sobre la temática del machismo y el patriarcado. Los textos surgidos de esas improvisaciones logramos conservarlas.

Nos parece que lo que se cuentan en esas cortas historias improvisadas continúan teniendo vigencia. Es esto último lo que nos ha impulsado a publicarles.

SKETCH #1

La sala de maternidad de un hospital

La madre tiene en sus brazos a una niña, está sentada en la cama.

MARIDO: (**entrando con unas flores**) Que tal te fue vieja?

MADRE: Estoy tan feliz… mira mi amor que cosa tan linda la que nos mandó Dios… no le falta nada… mírala que robusta y que ojitos tan bellos… se parecen a los tuyos… tiene tu boca y tu frente… mira **(a medida que la esposa habla, al marido se le va desencajando la cara… observa a la recién nacida)**

MARIDO:	A mí no me mostres eso… ni para tener machos servís, ya te he dicho que no quiero hembras en la casa… trabajando para otros es que estoy, esa es carne para los perros: de seguro se van a ir con el primero que pase… y yo con eso no me voy a quedar… ninguna de ellas me va a servir en el negocio… me voy al carajo, deja de lloriquear, que para nada servís (**tira las flores y sale dando un portazo, la madre se desplaza hacia proscenio, arrulla a su niñita**)
MADRE:	No te preocupes mi amor, con la ayuda de Dios saldremos adelante (**apagón**)

SKETCH #2

Aparece doña Ana quien vende tortillas, la hija, lupita, limpia la casa

COMPRADOR:	Tres reales de tortillas Doña Ana. (**doña Ana las entrega**)
COMPRADOR 2:	Doña Ana, manda a decir Don Siriaco que le mande 30 tortillas.

DOÑA ANA:	¿Y porque tan pocas hoy?

COMPRADOR 2: Es que esta empachada y se acaba de purgar… por eso dijo que solo se va a comer la mitad de lo que se come todos los días (**doña Ana despacha a la compradora y continúa trabajando arduamente, lupita se le aproxima**)

LUPITA: Mamá, dame veinte centavos para ir a jugar a las maquinitas…

DOÑA ANA: Mas tarde, mijita, cuando terminemos de arreglar la casa.

LUPITA: Bueno, mami, iré después, pero démelos ya porque cuando viene su marido bolo se pone muy enojado y ni se acuerda de mí.

DOÑA ANA: Vaya pues, tomá, pero dejá bien limpia la casa.

EL HOMBRE: (**entrando borracho**) Me están chillando las tripas… ¿ya está la comida vos?

DOÑA ANA: ¿Y con qué pisto voy a hacerla.? Si no me has dejado para nada, con lo que gano solo pude comprar frijoles, si querés allí está la olla, servite porque yo estoy bien ocupada.

EL HOMBRE: Puta… nunca hay nada en esta casa… lo mismo de siempre, tortillas y frijoles y frijoles y tortillas.

DOÑA ANA: Trabajá si querés comer mejor.

EL HOMBRE: ¿No ves que no hay trabajo, bruta?… Además, ¿para qué te tengo? Servime lo que haya y no jodás. (**Doña Ana sale, el hombre se sienta en una silla y vomita, la niña se acerca para limpiar**).

EL HOMBRE: Lupita, vení acércate, (**la niña duda**) Vení, no te va a pasar nada.

LUPITA: Es que estoy ocupada.

EL HOMBRE: Haceme caso, acordate que soy tu padrastro… yo te he criado, no seás mal agradecida… Deja esa escoba… tomá ve (**le muestra un billete, la niña se acerca temerosa, el hombre le habla melosamente, le da el billete y la toma del brazo y la sienta en sus piernas**) ¿Cuántos años tenés, Lupita?

LUPITA: Doce.

EL HOMBRE: Ya estás grandecita… necesitás un hombre que se preocupe por vos, ya verás, encontraré un buen trabajo y así podré mandarte al colegio… Realmente estas grandecita y más bonita que tu mamá (**el hombre la manosea melosa y gradualmente, intenta besarla, ella grita**)

DOÑA ANA: (**Entrando y empujándolo**) ¿Pero, qué estás haciendo, sinvergüenza?

EL HOMBRE: Yo nada, esta mocosa que es igual que vos, grita de puro gusto, yo solo estaba consintiéndola, pero ni eso agradece.

DOÑA ANA: ¡Te vas de esta casa degenerado!

EL HOMBRE: Y porque me voy a ir, si yo soy el hombre de esta casa.

DOÑA ANA: Porque yo soy quien paga el alquiler … y si no te vas voy a llamar a la policía.

EL HOMBRE: La policía me vale riata y vos también y esta putita de tu hija también… no me encachimbés que ya sabes cómo te agarro cuando me enojo.

DOÑA ANA: Atrévete y verás.

EL HOMBRE: ¿Como? ¿Gran pendeja, me estás retando? (**El hombre se saca la correa para pegarle, la hija se abalanza para defender a su madre, la escena se congela**).

SKETCH #3

Aparece alguien con un cartel que anuncia: la distribución de trabajo. 5:30 a 7:30 a.m.

La madre trabaja en la cocina. De cuando en vez habla con sus hijas, las cuales no aparecen en el escenario, las recrimina, las

apura, etc. Prepara el desayuno y el almuerzo. El marido se rasura la barba frente a un espejo.

MARGARITA:	Hoy toca llevar a las niñas al dentista y también hay que pagar la luz, el agua y el teléfono. Amorcito, ¿queres ayudarme a hacer un par de estos mandados?, a mi sola no me da tiempo.
MARIDO:	Ahí ve como le haces porque hoy si no puedo fallarle a los muchachos.
MARGARITA:	Pero si todos los días los ves para lo mismo, ayúdame por lo menos hoy.
MARIDO:	Eso es de la mujer, a mí no me metas a esas cosas, tengo asuntos más importantes que hacer y problemas más interesantes que resolver. (**sale. La madre se cambia para ir al trabajo**)

Aparece un cartel que anuncia: 8:30 a 4:30. La mujer sentada frente a la máquina de escribir, el jefe sentado lee el periódico

JEFE:	Margarita, tráigame una taza de café por favor.

MARGARITA: Si don Julián **(lleva la taza, se sienta)**

JEFE: Margarita venga un momento por favor… ¿me puede traer un vaso de agua?... disculpe es que se me olvido pedírselo **(margarita lleva el agua)**

JEFE: Margarita, apúrese con esos cuadros que tienen que ser entregados a las tres, pero antes de continuar, vaya a la esquina y me compra un sándwich… fíjese que apenas son las diez y ya tengo hambre.

MARGARITA: Si don Julián **(lleva el sándwich. El jefe come, lee el periódico, fuma un tabaco, llena un crucigrama, hace como si trabajara, llama por teléfono, etc.)**

JEFE: **(saliendo de la oficina)** Margarita, mire que se me había olvidado entregarle estas veinte páginas más para incluirlas en los cuadros que está haciendo, me los termina hoy… son urgentes… bueno Margarita que tenga

buenas tardes y que descanse , mañana
tenemos mucho trabajo.

**Aparece un cartel 4:30 a 6:30. Margarita continúa trabajando.
Llama por teléfono al marido.**

MARGARITA: Mira amorcito, no puedo irme del
                    trabajo, tengo que entregar unos
                    cuadros y estoy cruda todavía… por
                    favor llévame las niñas al dentista para
                    que no pierdan la cita… ¿Qué?... Que
                    me vaya a la chingada (**cuelga
                    desconsoladamente**)

Aparece un cartel 6:30 a 8:30pm
**(Margarita prepara la cena, les habla a las niñas que no aparecen
en escena, etc.....**

MARGARITA: Cuéntenme, ¿cómo les fue en la escuela
                    hoy?

HIJA 2:   Muy bien mami, hoy me dieron una
                    estrellita por que la maestra dice que
                    soy muy aplicada

(Las niñas continúan, EN OFF, discutiendo por las estrellas que ganaron)

MARGARITA: Ya niñas, vayan a ordenar su cuarto ya va a venir su papá.

MARIDO: (**entrando**) Servime una cerveza, bien helada … vengo cansado.

MARGARITA: Fíjate que las cervezas están calientes, no me dio tiempo de ir a pagar la luz y nos la cortaron.

MARIDO: Si yo no me meto, nada marcha en esta casa…… yo no sé en qué te la pasas todo el día en esa oficina… de seguro coqueteando con el jefe… para eso si sos buena (**sale**)

APARECE UN CARTEL 8:30 A 11:30pm

Margarita cose, plancha, lustra zapatos, por fin cae rendida en la silla, y es cuando se oye la voz del marido que le grita.

| **MARIDO:** | (**en off**) Bueno mujer… veni a cumplir con tus obligaciones en la cama (**apagón**) |

SKETCH #4

Un cartel anuncia: Transporte público. Aparecen el chofer y el cobrador

| **COBRADOR:** | Materno… materno… emisoras unidas… se va, se va (**se montan los primeros pasajeros**). Córranse… córranse… hagan dos filas… pasaje por favor… después le doy el vuelto… córranse… córranse (**un hombre acerca su cuerpo al de una señora, sutilmente presiona su miembro viril sobre ella**) |

| **SEÑORA:** | Vos, viejo chancho… quítame esa papada de allí. |

| **HOMBRE:** | No mira, señora, que me están empujando (**con cinismo continúa** |

SEÑORA: — Viejo chancho, sucio.

COBRADOR: — Suban... suban... Miraflores... (**suben más pasajeros**) ponele, loco que viene la 241 (**el chofer da un frenazo**).

CHOFER: — Quítate de ahí manuda... Mujer tenías que ser

JOVEN: — (**Una joven grita**) Cobrador... Vení, sacá a este enfermo que anda con rigio, que tome otro bus y se vaya para Belén.

COBRADOR: — Con tocar no te va a hacer nada, vos... déjalo que se divierta... ja... ja... aja (**el cobrador toca a una joven**)

UNA JOVEN: — ¿Y a vos qué te pasa, imbécil...? (**Trata de darle una bofetada**).

COBRADOR: — Si no te gusta, pagá taxi... fresita.

CHOFER: — ¿Qué paso allá atrás, loco?

COBRADOR: Una chava que solo son miquis, vos.

CHOFER: ¿Y vos le paras bola a esa maje...? **(otro frenazo)**

MUCHACHA: Me han robado... mi cartera, mi cartera.

PASAJEROS: Próxima... próxima por favor (**el chofer no escucha, la música del radio demasiado fuerte)**

COBRADOR: Hey vos, bajan... (**se detiene bruscamente, y arranca rapidísimo)**

PASAJERO: Hijueputa... casi me matás.

COBRADOR: **(Al chofer)** Vámonos loco, ponele (**el bus sale).**